A. PARRAN

ROMANTIQUES

ÉDITIONS ORIGINALES

VIGNETTES

DOCUMENTS INÉDITS OU PEU CONNUS

HONORÉ DE BALZAC

Avec une figure de Tony Johannot, gravée par Porret

PARIS

P. ROUQUETTE, LIBRAIRE-ÉDITEUR

57, PASSAGE CHOISEUL, 57

1881

ROMANTIQUES

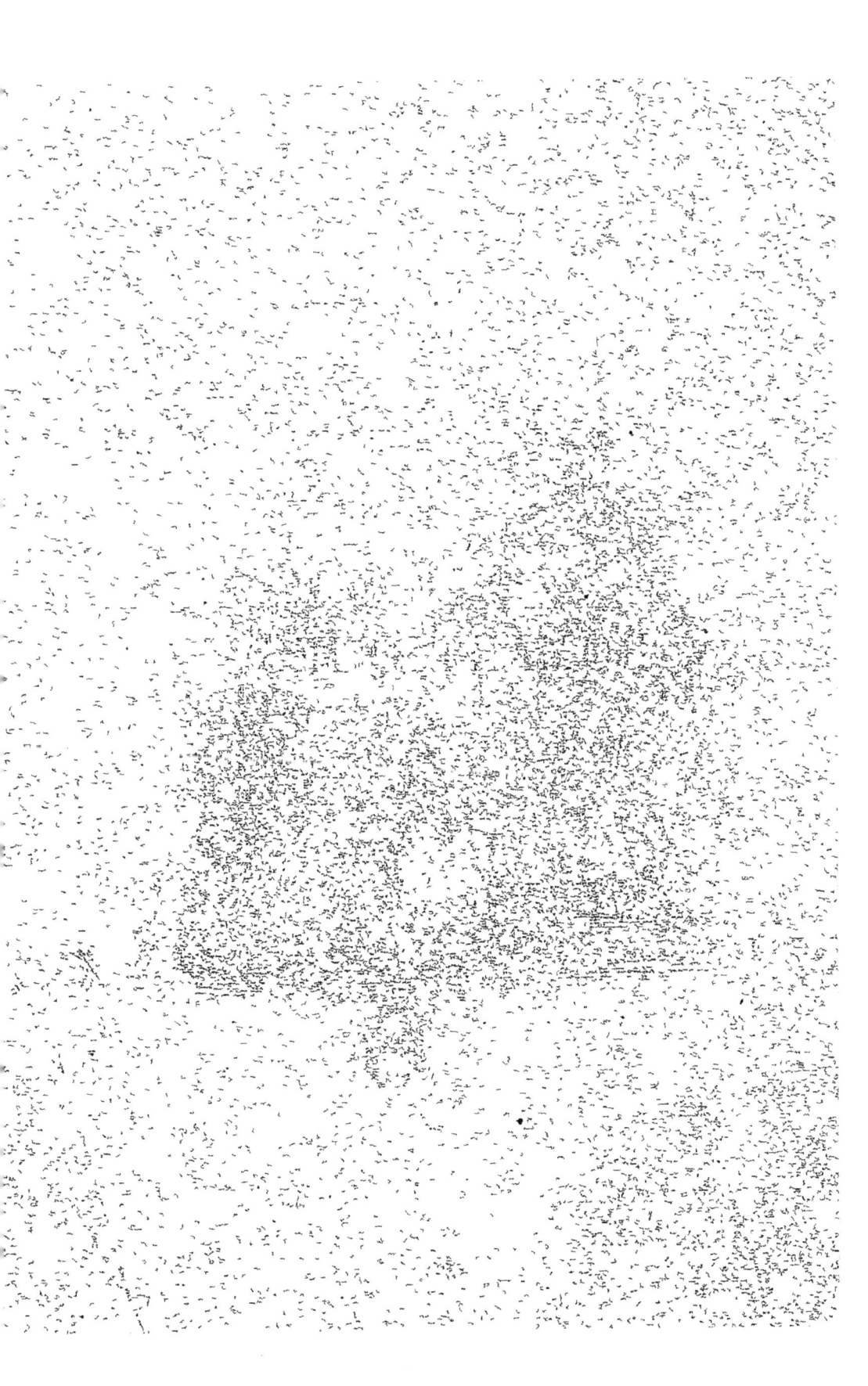

A. PARRAN

ROMANTIQUES

ÉDITIONS ORIGINALES

VIGNETTES

DOCUMENTS INÉDITS OU PEU CONNUS

Avec une figure de Tony Johannot, gravée par Porret

HONORÉ DE BALZAC

PARIS

P. ROUQUETTE, LIBRAIRE-ÉDITEUR

57, PASSAGE CHOISEUL, 57

1881

INTRODUCTION

Nous n'avons pas à retracer la biographie bien connue d'Honoré de Balzac, né à Tours le 16 mai 1799, et mort à Paris dans la nuit du 18 au 19 août 1850 ; mais nous pensons qu'on aimera à retrouver ici le portrait si vivant et si chaud de couleur que Théophile Gautier a placé en tête de son étude sur l'illustre Romancier.

« Son froc rejeté en arrière laissait à découvert son col d'athlète ou de taureau, rond comme un tronçon de colonne, sans muscles apparents et d'une blancheur satinée qui contrastait avec le ton coloré de la face. A cette époque (1835), Balzac, dans toute la force de l'âge, présentait les signes d'une santé violente peu en harmonie avec les pâleurs et les verdeurs romantiques à la mode. Son pur sang tourangeau fouettait ses joues pleines d'une pourpre vivace et colorait chaudement ses bonnes lèvres épaisses et sinueuses, faciles au rire ; de légères moustaches et une mouche en accentuaient les contours sans les cacher ; le nez carré du bout, partagé en deux lobes, coupé de narines bien ouvertes, avait un caractère tout à fait original et particulier... Le front était beau, vaste, noble, sensiblement plus blanc que le masque, sans autre pli qu'un sillon perpendiculaire à la racine du nez ; les protubérances de la mémoire des lieux formaient une saillie très prononcée au-dessus des arcades sourcilières ; les cheveux abondants, longs, durs et noirs, se rebroussaient en arrière comme une crinière léonine.

Quant aux yeux, il n'en exista jamais de pareils. Ils avaient une vie, une lumière, un magnétisme inconcevables. Malgré les veilles de chaque nuit, la sclérotique en était pure, limpide, bleuâtre, comme celle d'un enfant ou d'une vierge, et enchâssait deux diamants noirs qu'éclairaient par instants de riches reflets d'or : c'étaient des yeux à faire baisser la prunelle aux aigles, à lire à travers les murs et les poitrines, à foudroyer une bête fauve furieuse, des yeux de souverain, de voyant, de dompteur.

« Ces yeux extraordinaires, dès qu'on avait rencontré leur regard, empêchaient de remarquer ce que les autres traits pouvaient présenter de trivial ou d'irrégulier.

« L'expression habituelle de la figure était une sorte d'hilarité puissante, de joie rabelaisienne et monacale — le froc contribuait sans doute à faire naître cette idée — qui vous faisaient penser à frère Jean des Entommeures, mais agrandi et relevé par un esprit de premier ordre. »

Balzac possédait le double don d'un génie ardent et d'une patience de bénédictin; il avait consacré les dix premières années de sa vie littéraire, 1819-1829, à se former la main en écrivant des romans signés d'un pseudonyme, et à amasser par des études solitaires aussi bien que par des observations sur le vif, ce fonds inépuisable d'où sont sortis les scènes si variées et les personnages si nombreux de la *Comédie humaine*, œuvre colossale, sans précédent, et le plus curieux, le plus intéressant monument littéraire de notre époque.

Les écrits de Balzac ne vieilliront pas et ne seront jamais *démodés*. — Cela tient à ce que, tout en faisant à l'idéal la part qui lui revient de droit dans une œuvre d'art, et tout en poussant à l'extrême le scrupule de la correction et de la forme, il a peint ses personnages en chair et en os, et les a fait agir dans les conditions réelles du milieu où il les a placés.

« Il ne les loge pas, tous ces beaux jeunes gens, dit Théophile Gautier, dans une mansarde de convention tendue de perse, à fenêtres festonnées de pois de senteur et donnant sur des jardins; il ne leur fait pas manger « des mets simples, apprêtés par la main de la nature » et ne les habille pas de vêtements sans luxe, mais propres et commodes ; il les met en pension bourgeoise chez maman Vauquer, ou les accroupit sous l'angle aigu d'un toit ; il les accoude aux tables grasses des gargotes infimes, les affuble d'habits noirs aux coutures grises, et ne craint pas de les envoyer au mont-de-piété, s'ils ont encore, chose rare, la montre de leur père. » Aussi les œuvres originales de Balzac sont-elles de plus en plus appréciées, et, depuis quelque temps surtout, recherchées avec une ardeur qui s'accroît par la difficulté de les rencontrer en bel état.

Dans la notice que nous soumettons à la bienveillance de nos confrères bibliophiles, nous n'avons pas eu pour but d'énumérer les nombreux écrits que Balzac a publiés dans divers recueils, encore moins de donner l'historique des remaniements et des arrangements qu'il a fait subir à ses récits, avant de leur assigner dans sa *Comédie humaine* la place définitive qu'ils devaient occuper, les traitant comme des troupes qu'il faut assouplir et discipliner avant de les mettre en ligne devant l'ennemi. D'ailleurs, un pareil travail n'est plus à faire ; M. Ch. de Lovenjoul, en publiant son *Histoire des œuvres de H. de Balzac* (Paris, Lévy, 1879, 1 vol. gr. in-8), où se trouvent clairement exposés les résultats de ses savantes recherches, a donné tous les éclaircissements qu'on peut désirer à ce sujet.

Notre seul but a été d'offrir à nos confrères une sorte de manuel ou de guide aussi précis que possible, indiquant, suivant l'ordre des dates de publication, les premières éditions, en librairie, des ouvrages de Balzac, et celles des éditions ultérieures que des corrections de l'auteur ou certaines particularités recommandent à l'attention des bibliophiles. Quand il s'agit de Balzac, il est impossible, en effet, de s'en tenir à l'édition primitive ; ardent à perfectionner son œuvre, il revoyait et corrigeait les épreuves d'une édition nouvelle au point d'en faire un ouvrage presque nouveau. C'était ce qu'il appelait *faire sa cuisine*. A ce point de vue, les diverses éditions revisées par l'auteur présentent un vif intérêt, et si le bibliophile ne peut les réunir toutes, ce qui serait d'ailleurs difficile aujourd'hui, il doit du moins se trouver en mesure de faire son choix.

Ce choix ne laissait pas que d'être embarrassant par suite de la multiplicité et, si l'on peut s'exprimer ainsi, de l'enchevêtrement des éditions successives. Nous avons nous-même éprouvé cet embarras, et nous l'avons entendu souvent exprimer par ceux qui recherchent les œuvres de Balzac. Il y avait donc là un *desideratum* à satisfaire, une lacune à combler.

Nous espérons que cet essai, dont nous sommes les premiers à reconnaître les imperfections, pourra être de quelque utilité, et qu'il permettra, soit de *déterminer* une édition qu'on aurait eu l'heureuse chance de rencontrer, soit de fournir le *signalement* précis de l'édition qu'on voudrait se procurer. Nous espérons aussi que nos confrères bibliophiles, dont nous avons déjà reçu de précieux avis pour un autre essai du même genre, nous aideront à réparer les erreurs et les omissions qu'ils trouveront dans celui-ci (1).

(1) Nous avons consulté et mis à profit pour notre travail, outre les catalogues de librairie, les notices de Théophile Gautier, A. Baschet, Léon Gozlan, Werdet, la correspondance de Balzac et l'*Histoire des Œuvres de Balzac*, par M. Ch. de Lovenjoul. Nous avons trouvé dans ce dernier ouvrage de précieux renseignements sur la filiation et les changements de titres des écrits du grand Romancier, et nous avons utilisé ceux qui pouvaient, dans le cadre de notre étude, ajouter à l'intérêt ou à la clarté de l'exposé.

Les prix que nous indiquons se rapportent à des exemplaires brochés, ou non rognés dans la reliure de l'époque, dans tous les cas en belle condition.

HONORÉ DE BALZAC

ÉDITIONS ORIGINALES

Balzac publia d'abord, et, comme il disait lui-même, pour se former la main, un assez grand nombre de romans ; mais il ne les signa pas de son nom. Jusqu'en 1822 (il avait alors 23 ans), il adopta le pseudonyme de lord R'Hoone, qu'il échangea de 1822 à 1829 contre celui d'Horace de Saint-Aubin. Le premier roman signé Balzac est *le Dernier Chouan*, publié en 1829.

L'Héritière de Birague est le premier roman mentionné dans la correspondance de Balzac D'après Quérard, il avait déjà collaboré en société de M. Villerglé (Le Poitevin de Saint-Alme) à deux romans : *les Deux Hector* et *Charles Pointel*, mais Balzac a désavoué ces deux ouvrages. C'est, toutefois, avec la collaboration de Villerglé que furent composés *l'Héritière de Birague* et *Jean Louis*.

1. L'Héritière de Birague, histoire tirée des manuscrits de dom Rago, ex-prieur des Bénédictins, mise à jour par ses deux neveux, A. de Villerglé et lord R'Hoone.

Paris, Hubert, 1822. — 4 vol. in-12 brochés . . . . . . 10 fr.

L'Héritière de Birague fut vendue 800 francs par Balzac.

2. Jean-Louis, ou la Fille trouvée, par A. de Villerglé et lord R'Hoone.

Paris, Hubert, 1822. — 4 vol. in-12 brochés. . . . . 10 fr.

Jean-Louis fut vendu 1,300 francs.

3. **Clotilde de Lusignan**, ou LE BEAU JUIF, manuscrit trouvé dans les Archives de Provence, et publié par lord R'Hoone.

Paris, Hubert, 1822. — 4 vol. in-12 brochés. . . . . 10 fr.

Ce roman est devenu *l'Israélite*.

Cet ouvrage fut vendu 2,000 francs par Balzac.

4. **Le Centenaire**, ou LES DEUX BERINGHELD, par Horace de Saint-Aubin.

Paris, Pollet, 1822. — 4 vol. in-12 brochés, n. r. . . . . . 12 fr.

Le Centenaire est orné d'une lithog. signée B.

« Mon ami, voudrais-tu posséder ton Emma indigne de toi ? »

Tome I, viii-252 p., plus 1 f. pour la table.—Tome II, 238 p., *idem.* — Tome III, 250 p., *idem.* — Tome IV, 233 p. *idem.*

Devenu plus tard *le Sorcier*.

5. **Le Vicaire des Ardennes**, par Horace de Saint-Aubin.

Paris, Pollet, 1822. — 4 vol. in-12. . . . . 10 fr.

Le Vicaire et *le Centenaire* furent vendus 2,000 francs à Pollet.

D'après la correspondance de Balzac, sa sœur, Mme Laure de Surville, aurait collaboré au *Vicaire des Ardennes*.

6. **La Dernière Fée**, ou LA NOUVELLE LAMPE MERVEILLEUSE, par Horace de Saint-Aubin.

Paris, Barba et Hubert, 1823. — 2 vol. in-12. . . . . . 6 fr.

Une deuxième édition, considérablement augmentée, parut à Paris, chez Delonchamps, 1824. — 3 vol. in-12. . . . . 6 fr.

7. **Annette et le Criminel**, suite du **Vicaire des Ardennes**, par Horace de Saint-Aubin.

Paris, Buissot, 1824. — 4 vol. in-12 brochés. . . . . 10 fr.

Devenu plus tard *Argow le Pirate*.

8. **Wann-Chlore**, par Horace de Saint-Aubin.

Paris, Urbain Canel, Delonchamps, 1825. — 4 vol. in-12 brochés. . . . . 10 fr.

Cet ouvrage est devenu plus tard *Jane la pâle*.

9. Les Romans de la jeunesse de Balzac, publiés sous les pseudonymes d'Horace de Saint-Aubin et de lord R'Hoone, ont été réédités sous le titre : *Œuvres complètes d'Horace de Saint-Aubin, mises en ordre par Émile Régnault*. Paris, Hipp. Souverain, 1836-1840. 16 vol. in-8, comprenant :

La Dernière Fée. 1836. — 2 vol.

Le Sorcier (le Centenaire). 1837. — 2 vol.

Le Vicaire des Ardennes. 1836. — 2 vol.

Argow (Annette et le Criminel). 1836. — 2 vol.

Jane la Pâle (Wann-Chlore). 1837. — 2 vol.

L'Israélite (Clotilde de Lusignan). 1839. — 2 vol.

Dom Gigadas, roman inédit. 1839. — 2 vol. (Attribué au comte Ferdinand de Gramont.)

L'Excommunié, roman posthume, 1837. — 2 vol. (Attribué au marquis du Belloy.)

Chaque roman se vendait séparément 15 francs.

10. Code des Gens honnêtes, ou l'Art de ne pas être dupe des Fripons.

A Paris, chez J.-N. Barba, 1825. — In-12. Imprimerie de Fain.

Avant-propos. — Considérations morales et politiques, etc. — 252 p. y compris la table. . . . . 5 fr.

Cet ouvrage, auquel M. Horace Raisson a collaboré, a eu plusieurs éditions. — L'édition in-24 de la Librairie nouvelle, 1854, est la première portant le nom de Balzac.

11. Petit Dictionnaire critique et anecdotique des Enseignes de Paris, par un Batteur de pavé.

Paris, chez les marchands de nouveautés, au Palais-Royal, 1826. — In-32, 160 p. Imprimerie de H. de Balzac, rue des Marais-Saint-Germain, n° 17 . . . . 5 fr.

Balzac imprima lui-même cet ouvrage, pendant la courte période d'une entreprise qui fut si préjudiciable à ses intérêts.

12. Le Dernier Chouan, ou la Bretagne en 1800, par M. Honoré Balzac.

Paris, Urbain Canel, libraire, rue des Fossés-Montmartre, n° 3, 1829. — 4 vol. in-12. Imprimerie Tastu.

Tome I, Introd., xxiii-192 p. — Tome II, 224 p. — Tome III, 243 p. — Tome IV, 231 p. . . . . 12 fr.

C'est le premier ouvrage signé de Balzac; une deuxième édition entièrement refondue a été publiée en 1834 chez Vimont. — 2 vol. in-8°, sous le titre : *les Chouans, ou la Bretagne en 1799.*

Le Dernier Chouan inaugure l'entrée officielle de Balzac dans l'arène littéraire, où il devait remporter tant de triomphes. Les œuvres magistrales vont désormais se succéder sans interruption. Nous voyons paraître, en effet, après *le Chouan*, une des conceptions les plus originales de l'auteur, celle qui l'a mis immédiatement au premier rang des lutteurs littéraires de 1830, en dépit des critiques acerbes de J. Janin.

13. Physiologie du Mariage, ou Méditations de philosophie éclectque sur le bonheur et le malheur conjugal, publiées par un jeune célibataire.

« Le bonheur est la fin que doivent se proposer toutes les sociétés.»
(L'auteur.) »

Paris, Levavasseur, libraire-éditeur, 1830. — 2 vol. in-8°. — Tome I, de xxxv et 332 p. — Tome II, de 352 p. — Édition originale; couverture jaune, portant simplement : *Physiologie du Mariage.* Quelques exemplaires ont été tirés sur papier jonquille. Rare et recherchée dans sa condition primitive. . . . . 120 fr.

Une deuxième édition, en 2 vol. in-8, a été publiée chez Ollivier en 1834.

La première édition dans le format Charpentier est de 1838.

Nous trouvons, dans la Correspondance de Balzac (édit. in-18, 1876, t. Ier, p. 90), une curieuse lettre de Balzac à son éditeur Levavasseur sur la *Physiologie du Mariage :*

« Si, comme le Nodier, car le Nodier est un sous-genre dans l'histoire naturelle de la littérature, je flânais, je faisais des prospectus, des vieux souliers, des parties de billard, si je buvais, mangeais, etc...! Mais je n'ai pas une idée, je ne fais pas un pas qui ne soit la *Physiologie ;* j'en rêve, je ne fais que cela, j'en suis féru! Je comprends toute votre impatience commerciale, car la mienne est décuple. » (Paris, novembre 1829.)

L'original de cette lettre, reproduite en fac-simile dans l'*Honoré de Balzac* de Théophile Gautier, se trouve dans l'exemplaire sur chine que possédait Asselineau.

Dans une lettre à Mme la duchesse de Castries, Balzac s'exprimait ainsi :

« *La Physiologie du Mariage* fut un livre entrepris dans le but de défendre les femmes... Je compris qu'il me fallait envelopper mes idées, et les rouler, pour ainsi dire, dans une forme nouvelle, acerbe et piquante, qui réveillât les esprits en leur laissant des réflexions à méditer..... Pour moi, la jeune fille qui a fait une faute est plus digne d'intérêt que celle qui reste ignorante et prête aux fautes de l'avenir, par le fait même de son ignorance. Aussi, célibataire pour le moment, si je me marie plus tard, ce ne sera jamais qu'avec une veuve. »

C'est une veuve en effet que Balzac épousa dix-huit ans plus tard.

La Physiologie du Mariage fut payée 2,000 francs à Balzac par Levavasseur.

14. Scènes de la vie privée, publiées par Balzac, auteur du *Dernier Chouan, ou la Bretagne en 1800.*

Paris, Mame et Delaunay Vallée, 1830. — 2 vol. in-8. T. I, vii et 399 p., plus un feuillet pour la table. T. II, 378 p., plus un feuillet pour la table. (Imp. A. Barbier). . . . . 35 fr.

Cette première édition contient : la préface, *la Vendetta, les Dangers de l'inconduite, le bal de Sceaux, Gloire et Malheur, la Femme vertueuse, la Paix du Ménage.*

« Immédiatement après *la Physiologie du Mariage*, je fis, pour dévelop-
per mes pensées et les jeter dans les âmes jeunes par de frappants
tableaux, les *Scènes de la vie privée*. Dans ce livre, tout de morale et de
sages conseils, rien n'est détruit, rien n'est attaqué ; je respecte les
croyances, celles même auxquelles je n'ai pas foi. Je suis simplement
historien, conteur, et jamais la vertu ne fut plus vénérée et préconisée
que dans ces scènes. » (Lettre à Mme de Castries, déjà citée.)

Gloire et malheur sont devenus : *la Maison du Chat-qui-pelotte*, dans la
Comédie humaine, première édition collective de Furne (1842).

Les Dangers de l'Inconduite ont pris plus tard le titre de *Gobseck*.

Le premier chapitre, *l'Usurier*, avait d'abord paru dans la *Mode* du
26 février 1830.

Un fragment de *la Femme vertueuse* fut inséré dans le *Voleur* du 5 avril
1830.

Sauf ces deux exceptions, les récits des *Scènes de la vie privée* étaient
tous inédits. Pour les éditions ultérieures, voir les n°s 22 et 26.

15. La Peau de chagrin, roman philosophique, par M. de Balzac.
(Un ruban de peau de chagrin, tracé en noir.)

(Sterne, Tristan Schandy, chap. 322.)

Paris, Charles Gosselin, libraire, rue Saint-Germain-des-Prés, n° 9 ;
Urbain Canel, libraire, rue du Bac, n° 104. 1831. Imp. Cosson. —
2 vol. in-8. — Tome I, 393 p., y compris la préface, plus 2 pages d'errata non paginées. — Tome II, 374 p., plus un feuillet pour les errata
(il n'y a qu'une faute mentionnée).

A chaque volume, il y a une vignette gravée par Porret, d'après
Tony Johannot ; couvert. jaune, titre ; broché . . . . 40 fr.

La préface est différente de celle de la deuxième édition, publiée la
même année.

C'est pendant une retraite à Nemours, en mai 1831, que Balzac écrivit
la Peau de chagrin, un de ses meilleurs romans, une de ses productions les
plus crispantes ; mais il ne le termina qu'à Paris. Il écrivait à Gosselin en
juillet 1831 : « Je ne quitte pas *la Peau de chagrin* qu'elle ne soit finie. J'ai
bien préparé le succès. Mme Récamier a réclamé ma lecture ; en sorte que
nous aurons encore une immense quantité de prôneurs dans le faubourg
Saint-Germain. »

Balzac défendait vivement et avec raison ses ouvrages du reproche
d'immoralité, ainsi que nous l'avons vu dans sa lettre à Mme de Castries,
où nous trouvons encore :

« Maintenant, Madame, s'il s'agit de *la Peau de chagrin*, je me défendrai
contre vos accusations par un seul mot : Cet ouvrage n'est pas destiné à
rester seul ; il renferme, pardonnez-moi cette prédantesque expression,
les prémisses d'un ouvrage que je serai fier d'avoir tenté, même en
succombant dans cette entreprise, et, puisque vous avez pour moi tant de
bonté, car je puis mesurer l'étendue de ce sentiment à votre sollicitude qui
m'a tendrement touché, lisez la deuxième édition sous le titre de : *Romans*

et Contes philosophiques; j'ai un peu avancé dans le plan. Un des meilleurs écrivains de notre époque (Philarète Chasles) a bien voulu soulever le voile de ma pensée intime et future dans une introduction. Vous verrez là que, si parfois je détruis, j'essaye aussi parfois de reconstruire. *Jésus-Christ en Flandre, l'Enfant maudit, Étude de femme, les Proscrits, les Deux Rêves,* vous prouveront peut-être que je ne manque ni de foi, ni de conviction, ni de douceur... *La Peau de chagrin* devait formuler le siècle actuel, notre vie, notre égoïsme ; les reproductions de nos types ont été méconnues, mais ma consolation à moi, Madame, est dans les approbations sincères qui me sont données. »

Des fragments de *la Peau de chagrin* avaient paru tout d'abord : dans la *Caricature* de décembre 1830, *le Dernier Napoléon ;* dans la *Revue des Deux Mondes* de mai 1831, *Une Débauche ;* dans la *Revue de Paris* du même mois, *le Suicide d'un Poëte.*

16. Balzac illustré.

La Peau de chagrin. Etude sociale.

Paris, H. Delloye-Victor Lecou, éditeurs, rue des Filles-Saint-Thomas, 13, place de la Bourse, 1838. (Imprimerie de Béthune et Plon.) — 1 vol. gr. in-8 de 402 p. chiff., plus 1 f. pour la table.

Cet ouvrage renferme deux gravures hors texte, sur chine, par Félicie Fournier d'après Janet Lange et Maret, et de nombreuses vignettes d'après Janet Lange, Marceau, Baron, Français, Gavarni, Toulet, Langlois, Napoléon Thomas.

Très joli livre. Broché. 40 à 50 fr.

La première édition in-18, *Charpentier*, édition revue et corrigée, a été publiée en 1839.

17. **Romans et Contes philosophiques,** par M. de Balzac (2° et 3° éditions).

Paris, Gosselin (Charles), 1831. — 3 vol. in-8. (Imprimerie de Cosson.) Couverture imprimée.

Les deux premiers volumes contiennent : la préface de Philarète Chasles. — LA PEAU DE CHAGRIN. — SARRASINE. — LA COMÉDIE DU DIABLE. — EL VERDUGO.

Le tome III contient : L'ENFANT MAUDIT. — L'ÉLIXIR DE LONGUE VIE. — LES PROSCRITS. — LE CHEF-D'ŒUVRE INCONNU. — LE RÉQUISITIONNAIRE. — ETUDE DE FEMME. — LES DEUX RÊVES. — JÉSUS-CHRIST EN FLANDRE. — L'EGLISE.

Ces 3 volumes ont chacun une vignette de T. Johannot, tirée à part, sur chine.

Les faux-titres portent : ŒUVRES DE M. DE BALZAC, *Romans et Contes philosophiques.*

Tome I, 400 p. — Tome II, 418 p. — Tome III, 396 p. — Les 3 vol. brochés. . . . . 30 fr.

Nous avons indiqué intentionnellement 2e et 3° éditions, parce qu'il a été fait la même année deux tirages ne présentant pas de différence.

Sarrasine, dédiée à Charles de Bernard, avait paru dans la *Revue de Paris* du 28 novembre 1830.

La Comédie du Diable n'a pas été reproduite dans les œuvres ultérieures de Balzac. La première partie, *l'Introït*, avait d'abord paru dans la *Mode* (novembre 1830), et un fragment de la 2° partie dans la *Caricature* du même mois, sous le titre : *Fragment d'une nouvelle Satire Ménippée*.

El Verdugo, dédié à Martinez de la Rosa, publié pour la première fois dans la *Mode* (janvier 1830), a été réimprimé plus tard, comme remplissage, à la suite d'autres romans.

L'Enfant Maudit avait déjà paru dans la *Revue des Deux-Mondes* (janvier 1831).

L'Elixir de longue vie, dans la *Revue de Paris* (octobre 1830).

Les Proscrits (dédié *almæ sorori*) dans le même recueil (mai 1831).

Le Chef-d'œuvre inconnu, conte fantastique, dans l'*Artiste* (juillet, août 1831). Réimprimé plus tard sous le titre de *Gillette*.

Le Réquisitionnaire, dans la *Revue de Paris* du 23 février 1831.

Etude de Femme (dédié au marquis Jean-Charles di Negro), dans la *Mode* du 12 mars 1830.

Les Deux Rêves, dans la *Mode* du 8 mai 1830, et, sous le titre : *le Petit Souper*, dans la *Revue des Deux-Mondes* de décembre 1830 ; sont devenus plus tard la troisième partie de : *Sur Catherine de Médicis*, dans le tome XV de la *Comédie humaine*.

Jésus-Christ en Flandre et *l'Eglise* étaient inédits.

Comme on le voit, Balzac commençait à pratiquer largement déjà cette parcimonie de l'*inédit* qui devait faire le désespoir de ses éditeurs, et du malheureux Werdet, en particulier. Ses compositions publiées d'abord dans les journaux et revues vont faire, avec des remaniements et d'importantes corrections, le fonds principal des ouvrages qu'il livrera à ses éditeurs. Cette méthode a du reste été fort perfectionnée par les successeurs de Balzac ; ils y ont même ajouté l'adaptation de leurs œuvres pour le théâtre, que Balzac n'avait fait qu'entrevoir.

18. Nouveaux Contes philosophiques, par M. de Balzac. —Maitre Cornélius. — Madame Firmiani. — L'Auberge Rouge. — Louis Lambert.

Paris, Charles Gosselin, 1832. -- In-8. Imprimerie de Crapelet. Couverture imprimée. Figure de T. Johannot, à part, sur chine. — Le faux-titre porte : Œuvres de M. de Balzac, *Nouveaux Contes philosophiques*. — 427 p. . . . . 12 fr.

Ce volume est devenu le tome V de l'édition de 1833 des *Romans et Contes philosophiques*. (Voir le n° 19.)

Maître Cornélius, daté du château de Saché, novembre et décembre 1831, parut pour la première fois dans la *Revue de Paris*, en décembre 1831. avec dédicace au comte Georges Mniszech.

Madame Firmiani (dédié à Alexandre de Berny) avait paru dans la *Revue de Paris* de février 1832.

L'Auberge Rouge, composée à Nemours et dédiée au marquis de Custine, fut d'abord publiée dans la *Revue de Paris* (août 1831).

Louis Lambert était inédit; il figure dans le volume sous le titre : *Notice biographique sur Louis Lambert*, et a été réédité en 1833, avec des remaniements et des additions qui en ont fait un ouvrage très différent. (Voir le n° 23.)

19. Contes philosophiques, par M. de Balzac.

Paris, Ch. Gosselin, 1832. — 2 vol. in-8 . . . . 10 fr.

Ces deux volumes contiennent les douze contes qui forment le 3° volume de la deuxième et de la troisième édition de la *Peau de Chagrin*, avec une introduction de M. Philarète Chasles. D'après la correspondance de Balzac, cette édition des *Contes*, qualifiée par Balzac de troisième édition, avait été faite pour ceux qui avaient la *Peau* en première édition.

La véritable troisième édition, bien que marquée comme la quatrième, a été publiée par Charles Gosselin en 1833, et annoncée par lui dans son Catalogue de la manière suivante :

Romans et Contes philosophiques, quatrième édition, renfermant : LA PEAU DE CHAGRIN. — LA COMÉDIE DU DIABLE. — L'ENFANT MAUDIT. — EL VERDUGO. — ÉTUDE DE FEMME. — L'ÉLIXIR DE LONGUE VIE. — LES PROSCRITS. — LE CHEF-D'ŒUVRE INCONNU. — LE RÉQUISITIONNAIRE. — LES DEUX RÊVES. — JÉSUS-CHRIST EN FLANDRE. — L'ÉGLISE. — MAITRE CORNÉLIUS. — L'AUBERGE ROUGE. LOUIS LAMBERT. — MADAME FIRMIANI.

Cinq volumes in-8, papier fin satiné, ornés de cinq vignettes dessinées par Tony Johannot et gravées par Porret. Prix. . . . . 35 fr.

Cette troisième édition a été formée avec les romans contenus dans les trois volumes des *Romans et Contes philosophiques* de 1831 et le volume des *Nouveaux Contes philosophiques* de 1832.

Les 5 volumes brochés . . . . 35 fr.
(Imp. de Barbier.)

Ce n'est pas un nouveau tirage des éditions antérieures, c'est bien une nouvelle édition. — Le tome Ier renferme la préface de Philarète Chasles, signée : P. Ch.

20. Les Cent Contes drolatiques colligez ès abbaïes de Touraine et mis en lumière par le sieur de Balzac, pour l'esbattement des Pantagruelistes et non aultres. — Premier dixain.

Paris, Ch. Gosselin, avril 1832. Imprimerie d'Everat. Titre rouge et noir. — 1 vol. in-8 de 25 feuilles.

Quelques-uns des contes' de ce dixain avaient paru dans la *Revue de Paris*, en 1831.

La deuxième édition de ce premier dixain, in-8 de 24 f. (imp. d'Everat), parut chez Gosselin, la même année.

Les Cent Contes drolatiques, etc. — Deuxième dixain.

Paris, Ch. Gosselin, juillet 1833. Imprimerie d'Everat.—1 vol. in-8 de 26 feuilles. Titre rouge et noir.

Les Cent Contes drolatiques, etc. — Troisième dixain.

Paris, Werdet, 1837. — 1 vol. in-8 de 23 feuilles 1/2. Imprimerie de Fain. Titre rouge et noir.

Ce volume fut vendu à part la même année sous le titre de *Berthe la Repentie.*

Le volume du troisième dixain est plus rare que les autres, une grande partie de l'édition ayant été détruite par l'incendie de la rue du Pot-de-fer.

Le Catalogue Werdet du 1er janvier 1836 annonçait de la manière suivante l'ouvrage complet :

PREMIER DIXAIN, deuxième édition, un beau volume in-8, contenant : Prologue. — La Belle Impéria. — Le Pesché vesniel. — La Mye du Roi. — L'Héritier du Dyable. — Les Joyeulsetez du roy Loys le unziesme. — La Conestable. — La Pucelle de Thilhouse. — Le Frère d'armes. — Le Curé d'Azay-le-Rideau. — L'Apostrophe. — Epilogue.

DEUXIESME DIXAIN. — Un beau volume in-8, contenant : Prologue. — Les Trois clerqs de Saint-Nicholas. — Le Jeusne de Françoys premier. — Les bons Propos des relligieuses de Poissy. — Comment feut basti le chasteau d'Azay. — La faulse Courtisanne. — Le Dangier d'estre trop Coquebin. — La Chière nuictée d'amour. — Le Prosne du joyeulx curé de Meudon.— Le Succube. — Dezespérance d'amour. — Epilogue.

TROIZIESME DIXAIN. — Un beau volume in-8, contenant : Prologue. — Persévérance d'amour. —D'ung iusticiard qui ne se remembrait les choses. — Sur le moyne Amador, lequel feut ung glorieux abbé de Turpenay. — Berthe-la-Repentie. — Comment la belle fille de Portillon quinaulda son juge. — Le Vieulx-Par-Chemins. — Cy est desmontré que la Fortune est femelle. — Dires de trois Pelerins. — Naïveté.— La belle Impéria mariée. — Epilogue.

QUATRIESME DIXAIN, DICT LE DIXAIN DES IMITACIONS. — Un beau volume in-8, contenant : Prologue. — La dame empeschiée d'amour, roman en vers avec la traduction en resguard (à l'imitacion des autheurs de la langue romane). — La Mère, l'Enfant et l'Amour, fabliau, avec la traduction en resguard. — Le Cocqu par aucthorité de iustice (conte en la méthode des Cent Nouvelles nouvelles du roys Loys unze). — Le Pari du Magnifique (dans le genre des Italiens). — Le Seigneur freschi (à la fasson de la royne de Navarre). — Comment fina soupper du bonhomme (conte dans le goust de Verville). — Gazan-le-Pauvre (conte dans la mode orientale). — Le dict de l'Empereur (conte dans le genre de la Bibliothèque bleue). — La Filandière (conte à la manière de Perrault). — Comment ung cochon feut prins d'amour pour ung moine, et ce qui en advint (conte drolatique). — Epilogue.

La Belle Impéria avait d'abord paru dans la *Revue de Paris* (juin 1831).

Le Prosne du joyeulx Curé de Meudon, dans *Bagatelle* (juin 1835).

Persévérance d'Amour, dans l'*Europe littéraire* (septembre 1833).

Le quatrième dixain n'a jamais paru. Un seul des contes annoncés, *la Filandière*, a été publié dans la *Revue de Paris* (octobre 1851), après la mort de Balzac.

Les trois volumes originaux des dixains sont rares en belle condition et très recherchés . . . . 150 fr.

La deuxième édition des *Contes drolatiques* est celle de 1853, publiée chez Giraud et Dagneau. 1 vol. in-12. . . . . 5 fr.

La troisième forme le tome XX (avec 4 gravures) de l'édition Houssiaux 1855.

La quatrième est la suivante, marquée cinquième, parce qu'on a compté comme deuxième édition celle du premier dixain (in-8 de 24 feuilles, imp. d'Everat), donné par Ch. Gosselin en 1832.

21. Les Contes drolatiques colligez ez abbayes de Touraine et mis en lumière par le sieur de Balzac, pour l'esbattement des Pantagruelistes et non aultres.

Cinquième édition, illustrée de 425 dessins, par Gustave Doré.

Se trouve à Paris ez bureaux de la Société générale de Librairie, rue de Richelieu, 92. — 1855.

Frontispice gravé au bas du quel on lit :

Ont été réimprimez par Bénard et Cie, 2, rue Damiette, à Paris.

Au verso du faux-titre :

M. Dutacq, éditeur.

Gustave Doré, peintre.

Garnier, fabricant de papier.

Bénard et Cie (ancienne maison Lacrampe), imprimeur-typographe.

1 vol. in-8 de XXXII p. pour les f. lim., la table des dessins, celle des matières et la notice bibliographique ; et 614 p., plus le frontispice de la fin.

Un des livres illustrés les plus remarquables et les plus recherchés de l'époque . . . . 40 fr.

Il a été tiré quelques exemplaires sur chine, ardemment convoités par les amateurs et qui valent 400 à 500 francs en belle condition, non rognés.

Les tirages ultérieurs de cet ouvrage, même sur chine, ne méritent pas d'être recherchés.

22. Scènes de la Vie privée, par M. de Balzac, 2e édition. Paris, Mame et Delaunay. 1832, 4 vol. in-8 brochés . . . . 40 fr.

C'est la deuxième édition de cet ouvrage.

Les deux premiers volumes contiennent les mêmes sujets que ceux de la première édition, sauf la note du T. II, supprimée ici. Le T. III contient : *Le Conseil, la Bourse, le Devoir d'une femme, les Célibataires, (le Curé de Tours)*. Le T. IV contient : Note de l'éditeur, *le Rendez-Vous, la femme de trente ans, le Doigt de Dieu, les Deux Rencontres, l'Expiation.*

Dans une lettre datée de Genève, octobre 1832, Balzac écrivait : « La troisième édition des *Scènes de la vie privée* est épuisée. » Voulait-il parler d'un second tirage de la seconde édition ? Ce second tirage a-t-il été fait réellement ? Nous l'ignorons ; en tout cas, Balzac se trompait en parlant d'une troisième édition, et il s'est rectifié lui-même plus tard, lorsqu'il écrivait, le 16 avril 1834, à Mᵉ Charles Béchet, que la publication des *Scènes de mœurs* mettrait à néant *les deux premières* éditions des *Scènes de la vie privée*.

Le Conseil comprend : *Le Message* dédié au marquis Damaso Pareto, et publié d'abord dans la *Revue des Deux-Mondes* (février 1832). — *La Grande Bretèche* (inédit).

La Bourse (dédié à Sofka), nouvelle inédite.

Le Devoir d'une Femme (devenu plus tard *Adieu*) avait paru dans la *Mode* (mai, juin 1830), sous le titre de *Souvenirs soldatesques, Adieu*, et dédié au prince Frédéric de Schwarzemberg.

Le Curé de Tours était inédit ; il a formé plus tard, dans l'édition définitive de 1869, la deuxième partie des *Célibataires*.

Le Rendez-vous avait paru dans la *Revue des Deux-Mondes* (septembre, octobre 1831).

La Femme de trente ans, dans la *Revue de Paris* (avril 1832).

. *Le Doigt de Dieu*, dans la *Revue de Paris* (avril 1832).

Les Deux Rencontres (sauf *l'Enseignement*, partie inédite) avaient paru dans la *Revue de Paris* (janvier 1831).

L'Expiation était inédite.

Balzac réunit les cinq derniers récits dans la troisième édition des *Scènes de la vie privée*, en les augmentant de : *Souffrances inconnues, la Vallée du Torrent*, morceaux inédits.

Cet ensemble, revu et relié dans ses diverses parties, est devenu dans les éditions collectives, *la Femme de Trente ans*.

23. Histoire intellectuelle de Louis Lambert, par M. de Balzac. — Fragment extrait des *Romans et Contes philosophiques*.

> « Au génie, les nuées du sanctuaire ;
> à Dieu seul la clarté. »
> LOUIS LAMBERT.

Paris, Charles Gosselin, libraire, rue Saint-Germain-des-Prés, 1833. — In-12 de 264 p. — Au dernier feuillet, on lit : Au château de Saché, juin-juillet 1832. Edition originale, papier vélin, couverture grise portant ces seuls mots : Louis Lambert. — A la fin du volume, un catalogue des œuvres de Balzac . . . . 10 fr.

Louis Lambert a été, avec le *Médecin de Campagne*, une des œuvres auxquelles Balzac attachait le plus de prix, et qui lui avaient coûté le plus de fatigues et de travaux.

« Que d'ouvrages il m'a fallu relire pour écrire ce livre ! il jettera peut-être, un jour ou l'autre, la science dans des voies nouvelles. Si j'en avais fait une œuvre purement savante, il eût attiré l'attention des penseurs, qui n'y jetteront pas les yeux. Mais si le hasard le met entre leurs mains, ils en parleront peut-être. Je crois *Louis Lambert* un beau livre ! Mes amis l'ont admiré ici, et tu sais qu'ils ne se trompent pas. »

(Corr. d'Angoulême, août 1832).

« *Lambert* est une bien belle chose et qui fera sensation. J'attends Lyon (d'être à Lyon) pour donner le dernier coup de peigne avec impatience à cette grande œuvre, qui a failli me tuer. »

(Corr. d'Angoulême, août 1832).

Dans une lettre du 25 janvier 1833, Balzac annonce à Mᵐᵉ Zulma Carraud l'envoi d'un exemplaire unique, imprimé pour elle sur chine, et qui doit être relié par un des plus grands artistes. « Gardez-le bien. Je vous enverrai un exemplaire vulgaire que vous prêterez, si tant est que vous puissiez le prêter à beaucoup de monde. » Un pareil exemplaire serait bien intéressant à retrouver, si toutefois il a existé, et s'il n'est pas resté à l'état de mythe, comme le cheval blanc que Balzac croyait avoir donné à Jules Sandeau, et dont il détaillait complaisamment les brillantes qualités.

La première partie de *Louis Lambert* contient de curieux renseignements sur l'enfance de Balzac et sur sa vie au collège de Vendôme, où il composa ce Traité de la Volonté, confisqué par le père Haugoult, et souvent cité dans ses œuvres.

24. Le Médecin de Campagne, par M. H. de Balzac.

Paris, Mame et Delaunay, 1833. — 2 vol. in-8.

Le tome Iᵉʳ porte la date de février 1833. — Le tome II, celle de juillet 1833 . . . . 30 fr.

Ce roman était inédit.

En 1834, le libraire Werdet acheta mille écus le droit de faire une deuxième édition du *Médecin de Campagne.* C'est le premier ouvrage de Balzac publié par cet éditeur. L'édition fut enlevée en huit jours.

Cette deuxième édition du *Médecin de Campagne,* soigneusement revue et corrigée, a paru en 1834, en 4 vol. in-12, avec la mention : Fragment extrait des *Scènes de la vie de Campagne.* Sixième et dernière série des ETUDES DE MŒURS AU XIXᵉ SIÈCLE. Les 4 vol. in-12 . . . . 15 fr.

Werdet fit paraître en 1836 une troisième édition.

25. Le Médecin de Campagne, par H. de Balzac. — 3ᵉ édition, soigneusement corrigée.

Paris, libr. de Werdet, 1836. — 2 vol. in-8, imprimerie Lacombe. 1ᵉʳ vol., 336 p. et table. — 2ᵉ vol., 399 p., table au verso de la dernière page. Les deux volumes . . . . 15 fr.

Balzac attachait un grand prix à son *Médecin de Campagne,* comme à son *Louis Lambert.*

« Ce livre, écrivait-il, le 2 août 1833, vaut, à mon sens, plus que des lois et des batailles gagnées. C'est l'Evangile en action. Que de gens ont déjà pleuré à la confession du Médecin de Campagne ! Mᵐᵉ d'Abrantès, qui pleure rarement, a fondu en larmes au désastre de la Bérésina, dans *la Vie de Napoléon, racontée par un soldat dans une grange.*

26. Etudes de Mœurs au XIXᵉ Siècle, par H. de Balzac.

Première série. SCÈNES DE LA VIE PRIVÉE.

Paris, Mᵐᵉ Ch. Béchet, 1834-1835. (Imp. Barbier.) — 4 vol. in-8.

Deuxième série. SCÈNES DE LA VIE DE PROVINCE.

Paris, Mᵐᵉ Ch. Béchet, 1834, pour les deux premiers volumes; Werdet, 1837, pour les deux derniers. (Imp. Barbier.) — 4 vol. in-8.

Troisième série. SCÈNES DE LA VIE PARISIENNE.

Paris, Mᵐᵉ Ch. Béchet, 1834-1835. (Imp. Barbier.) — 4 vol. in-8.

Ensemble 12 vol. in-8. . . . . 60 à 70 fr.

Mᵐᵉ Béchet acheta pour 36,000 francs le droit de publier cette édition, qui est la première comme ensemble et peut être considérée comme le premier essai de la *Comédie humaine,* dont Balzac s'était déjà tracé le plan.

La première série forme la troisième édition des *Scènes de la vie privée;* elle contient :

Le t. Iᵉʳ (1835) : L'introduction, par Félix Davin. — *Le Bal de Sceaux.*— *Gloire et malheur.* — *La Vendetta.* — Le t. II (1835) : *La Fleur des pois,* inédit. — *La paix du Ménage.* — Le t. III (1834) : *La Recherche de l'absolu* en édition originale. — Le t. IV : *Même histoire (la Femme de trente ans),* contenant de plus que dans l'édition précédente : la préface, *Souffrances inconnues; le Doigt de Dieu* (2ᵉ partie), *la Vallée du Torrent.*

La quatrième édition des *Scènes de la vie privée* est celle de Charpentier, 1839, 3 vol. in-18, dont un pour la *Recherche de l'absolu.* — La cinquième édition est celle qui forme les quatre premiers volumes de la *Comédie humaine;* Furne, 1842-1846.

La deuxième série forme la première édition collective des *Scènes de la vie de province*, contenant :

Le t. Iᵉʳ : Préface, *Eugénie Grandet*, inédite, et en édition originale.

Le t. II : *Le Message; les Célibataires (le Curé de Tours); la Femme abandonnée; la Grenadière; l'Illustre Gaudissart.* Les trois derniers récits paraissent ici pour la première fois en volume.

Le t. III : *Les Trois Vengeances (la Grande Bretèche); la Vieille Fille,* publiée dans la *Presse,* octobre 1836, est ici en édition originale de librairie.

Le t. IV : Préface; *Illusions perdues* (première partie, *les Deux Poètes*). — Ce roman, daté du château de Saché, juillet-novembre 1836, et inédit, se trouve ici en édition originale.

La deuxième édition des *Scènes de la vie de province* est celle de Charpentier, 1839, 3 vol. in-18, en y comprenant le volume d'*Eugénie Grandet.*

La troisième est celle de la *Comédie humaine*, Furne, 1842-1846.

La troisième série forme la première édition collective des *Scènes de la vie parisienne*, contenant :

Le t. Iᵉʳ (1835) : Préface; *la Femme vertueuse (Une Double Famille); la Bourse; Papa Gobseck (les Dangers de l'inconduite);* ces trois récits son déplacés des *Scènes de la vie privée,* 2ᵒ édition.

Le T. II (1834) : *Les Marana* (inédits en librairie), publiés en dé; cembre 1832 et janvier 1833 dans la *Revue de Paris); Histoire des Treize* Préface; 1ᵒ *Ferragus, chef des Dévorants* (publié d'abord dans la *Revue de Paris,* mars, avril, 1832), se trouve ici en édition originale. ·

Le t. III (1834): *Histoire des Treize;* 2º *Ne touchez pas à la hache* (*la Duchesse de Langeais*), inédit, sauf le premier chapitre, *Sœur Thérèse ;* publié dans l'*Echo de la Jeune France* (mars 1833), édition originale ; 3º *la Fille aux yeux d'or* (première partie), inédite, en édition originale.

Le t. IV. (1835) : *La Fille aux yeux d'or* (fin), inédite ; note; *Profil de marquise* (étude de femme); *Sarrasine; la Comtesse à deux maris* (*le Colonel Chabert*); *Madame Firmiani;* les quatre derniers récits sont déplacés des *Romans et Contes philosophiques.*

La deuxième édition des *Scènes de la vie parisienne* est celle de Charpentier (1839), 3 vol. in-18; y compris le volume séparé, l'*Histoire des Treize.*

La troisième édition est celle de la *Comédie humaine*, Furne, 1842-1846.

27. Le Père Goriot, histoire parisienne, publiée par H. de Balzac.

All is true.
SHAKSPEARE.

Paris, Werdet et Spachmann. 1835.—2 vol. in-8. . . . . . 30 fr.
Tome Iᵉʳ, 352 p. et 1 f. pour la table. Tome II, 374 p., plus 1 f. pour la table. — Le tome Iᵉʳ renferme la préface, Paris, mars, 1835.

« C'est une œuvre plus belle qu'*Eugénie Grandet ;* du moins, j'en suis plus content. » (Balzac, *Corresp.*)

Balzac nous apprend dans sa Correspondance que l'édition du *Père Goriot* fut entièrement vendue avant les annonces.

Ce roman, daté de Saché, 1834, et dédié à Geoffroy-Saint-Hilaire, avait d'abord paru dans la *Revue de Paris.*

Pour ce motif, l'édition suivante porte 3ᵉ édition, quoi que ce soit la deuxième en réalité.

28. Le Père Goriot, par M. de Balzac.

« All is true. » (SHAKSPEARE.) — 3ᵉ édition, revue et corrigée.
Paris, librairie de Werdet, 49, rue de Seine Saint–Germain. Spachmann, éditeur, 24, rue Coquenard. 1835. Paris. Imp. Cosson.

Tome Iᵉʳ, 384 p. chiffr. — Tome II, 396 p.
Annonces diverses au verso des couvertures.—Les deux vol. 20 fr.

Werdet dit, dans son livre sur Balzac, qu'il publia en 1835 deux éditions du *Père Goriot.* Il avait acheté les droits de Spachmann, premier propriétaire de l'ouvrage.

L'édition in-18, Charpentier, a paru en 1839.

29. Le Livre mystique, par M. de Balzac.

Paris, Werdet, libraire-éditeur, 49, rue de Seine Saint–Germain. 1835. Imp. de Baudoin. — 2 vol. in-8 . . . . 20 fr.

Le premier volume renferme : *les Proscrits, histoire intellectuelle de Louis Lambert*, et le t. II. *Séraphita.* — Ce dernier ouvrage est ici inédit, sauf quelques chapitres du commencement parus dans la *Revue de Paris* (juin-juillet 1834).

« *Séraphita* est une œuvre dont le travail a été écrasant et terrible ; j'y ai passé, j'y passe encore les jours et les nuits... Dans quelques jours tout sera dit : ou j'aurai grandi, ou les Parisiens ne me comprendront pas. Et comme, chez eux, la moquerie remplace ordinairement la compréhension, je n'espère qu'en un succès lointain et tardif... Je crois que ce sera le livre des âmes qui aiment à se perdre dans les espaces infinis... » (Balzac, lettre à Mᵐᵉ de Castries, mars 1835.)

« Jamais Balzac n'approcha, ne serra de plus près la beauté idéale que dans ce livre : *l'Ascension sur la montagne* a quelque chose d'éthéré, de surnaturel, de lumineux qui vous enlève à la terre. Les deux seules couleurs employées sont le bleu céleste, le blanc de neige, avec quelques tons nacrés pour ombre. Nous ne connaissons rien de plus enivrant que ce début. Le panorama de la Norwège, découpée par ses bords et vue de cette hauteur, éblouit et donne le vertige. » (Théophile Gautier.)

La publication de *Séraphita*, commencée dans la *Revue de Paris*, fut arrêtée par suite de démêlés survenus entre Buloz et Balzac, qui par ses corrections et ses lenteurs exaspérait l'éditeur de la *Revue*... Werdet désintéressa Buloz en lui payant une somme de 300 francs et publia *Séraphita* le 2 décembre 1835. La totalité du tirage fut enlevée le jour même, et, pour satisfaire aux demandes, Werdet publia, le 15 janvier 1836, une deuxième édition. — Balzac avait terminé *Séraphita* (dont il n'écrivit la fin qu'à Paris), à Vienne, auprès de la comtesse Éveline de Hanska, devenue plus tard Mᵐᵉ de Balzac, et à qui l'ouvrage est dédié.

30. Le Livre mystique, par M. de Balzac.— *Les Proscrits.* — *Histoire intellectuelle de Louis Lambert* (Extrait des *Études philosophiques*). — 2ᵉ édition.

Paris, Werdet, 15 janvier 1836. — 2 in-8. Imprimerie Bourgogne. 1ᵉʳ vol., préface et 359 p.—2ᵉ vol., 376 p. et table ; Séraphita. 12 fr.

31. Le Lys dans la vallée, par M. de Balzac.

Il est des anges solitaires.

Séraphita.

Paris, Werdet, 1ᵉʳ juin 1836. Imp. de Béthune et Plon. Tome Iᵉʳ, 325 p. chiff., plus 1 f. pour la table. — Tome II, 343 p. chiff., non compris la table au verso du dernier feuillet. — Dédicace à M. J.-B. Nacquart (le médecin de Balzac). — Ensemble, 2 vol., couverture imprimée. . . . . 40 fr.

Ce roman, qui avait paru dans la *Revue de Paris*, et donné lieu à un procès que Balzac gagna contre Buloz, fut édité par Werdet et tiré à 2,000. — 1,800 exemplaires furent vendus dans la première journée.

La préface, qui contenait un témoignage flatteur en faveur de Werdet, fut modifiée lors de la publication de l'édition in-18 Charpentier, 1839. La rupture entre Balzac et Werdet avait eu lieu en 1837.

32. **Etudes philosophiques.**

Tomes Iᵉʳ à V, contenant : INTRODUCTION AUX ÉTUDES PHILOSOPHI-
QUES, par M. Félix Davin. — LA PEAU DE CHAGRIN (4ᵉ édition, *revue et
corrigée*). — ADIEU. — L'ELIXIR DE LONGUE VIE. — EL VERDUGO. —
UN DRAME AU BORD DE LA MER.

Paris, Werdet, 1835. — 5 vol. in-12 (formant la première livraison),
publiés à 3 fr. le volume . . . . 15 fr.

Etudes philosophiques.

Tome XI. MAITRE CORNELIUS. — Tome XXII. JÉSUS-CHRIST EN
FLANDRE. — Tome XXIII. MELMOTH RÉCONCILIÉ A L'ÉGLISE. —
Tome XXIV. HISTOIRE INTELLECTUELLE de LOUIS LAMBERT (4ᵉ édition,
revue et considérablement augmentée). — L'INTERDICTION (inédit),
2 vol. in-12. — Tome XXV. L'INTERDICTION (suite et fin).

Paris, Werdet, 1836. — 5 vol. in-12 (formant la 2ᵉ livraison), publiés à 3 fr. le volume . . . . 15 fr.

L'Interdiction avait paru d'abord dans la *Chronique de Paris* (janvier et
février 1836). *Melmoth réconcilié* avait déjà paru en 1835 dans le tome VI
du *Livre des Conteurs*, publié par Lequien fils.

Études philosophiques.

Tome XII. LA MESSE DE L'ATHÉE (inédit) ; LES DEUX RÊVES ; FACINO
CANE (inédit) ; LES MARTYRS IGNORÉS. — Tome XIII. LE SECRET DE
RUGGIERI. — Tome XV. L'ENFANT MAUDIT (1ʳᵉ part.) — Tome XVI.
L'ENFANT MAUDIT (2ᵉ part.) ; UNE PASSION DANS LE DÉSERT. — Tome
XVII. L'AUBERGE ROUGE ; — LE CHEF-D'ŒUVRE INCONNU.

Paris, Delloye et Lecou, 1837. — 5 vol. in-12 (formant une 3ᵉ livraison), publiés à 3 fr. le vol. . . . . 15 fr.

La *Messe de l'Athée*, *Facino Cane*, avaient paru dans la *Chronique de
Paris* de 1836 (janvier et mars).

Le Livre des Douleurs (GAMBARA, MASSIMILIA DONI, SERAPHITA).

Paris, Souverain, 1840. — 5 vol. in-12 formant une 4ᵉ livraison des
Études philosophiques. 15 fr.

Gambara, publié d'abord dans la *Revue et Gazette musicale de Paris*
(juillet et août 1837), avait paru en volume pour la première fois, en 1839,
à la suite du *Cabinet des Antiques*.

Les *Études philosophiques* se trouvent annoncées dans le catalogue
de Werdet du 1ᵉʳ janvier 1836, comme il suit :

Les *Études philosophiques* contiendront : La Peau de Chagrin (*quatrième
édition, revue et corrigée*). — Adieu. — Le Réquisitionnaire. — L'Élixir de
longue vie. — El Verdugo. — Un Drame au bord de la mer (*inédit*). —
Histoire de la grandeur et de la décadence de César Birotteau, marchand

parfumeur, chevalier de la Légion d'honneur et adjoint au maire du deuxième arrondissement de la ville de Paris (*inédit*). — Maître Cornélius. — Le Président Fritot (*inédit*). — Le Chef-d'œuvre inconnu. — Les Souffrances de l'inventeur (*inédit*). — Le Philanthrope (*inédit*). — Les Deux Amours (*inédit*). — L'Auberge rouge. — L'Enfant maudit (*augmenté de la dernière partie inédite*). — Les Proscrits. — Le Livre des Douleurs (*inédit*). — Jésus-Christ en Flandre. — Melmoth réconcilié. — L'Église. — Histoire intellectuelle de Louis Lambert (*quatrième édition. revue et corrigée*). — Ecce homo (*inédit.*) — Sœur Marie des Anges (*inédit*). — Aventures administratives d'une idée heureuse (*inédit*). — La Comédie du Diable. — Séraphita.

Elles devaient former 30 volumes in-12, en six livraisons de cinq volumes.

Les quatre livraisons citées plus haut ont seules paru, formant 20 volumes.

Werdet ayant rompu ses relations avec Balzac en 1837, n'avait publié que les deux premières livraisons; Delloye et Lecou, associés avec Béthune, acquirent pour 63,300 francs les traités de Werdet avec Balzac et publièrent la troisième.

Les quatre livraisons sont désignées comme étant la quatrième édition revue et augmentée des *Romans et Contes philosophiques*.

En 1840, les éditeurs propriétaires de l'ouvrage lui donnèrent une tomaison suivie de I à XX pour en faire un ouvrage complet.

33. Histoire de la Grandeur et de la Décadence de César Birotteau, parfumeur, chevalier de la Légion d'honneur, adjoint au maire du deuxième arrondissement de la ville de Paris. Nouvelle scène de la vie parisienne, par M. de Balzac.

Paris, chez l'éditeur, 3, rue Coq-Héron, 1838. (Imp. par Boulé et Cⁱᵉ.)

On lit au faux-titre :

« En prenant un abonnement de trois mois (20 fr.) au *Figaro*, ou de six mois (38 fr.) à l'*Estafette*, on reçoit gratuitement, à titre de prime, César Birotteau 2 vol. in-8. »

Tome Iᵉʳ, 354 p. chiff. plus 3 f. non chiffrés pour l'errata et la table. — Tome II, 337 p. chiff. plus un f. pour la table et l'errata, et 5 feuillets d'annonces pour les ouvrages de Balzac.

2 vol. in-8, couverture jaune, imprimée avec le titre. Au verso sont reproduites les annonces du faux-titre. Broché . . . . 15 fr.

L'édition Charpentier de ce roman, 1 vol. in-18, est de 1839.

34. La Femme supérieure. — La Maison Nucingen. — La Torpille; par M. de Balzac.

Paris, Werdet, 1838. — 2 vol. in-8; imprimerie de Béthune.

Couvertures reproduisant le titre et, en plus : Études de mœurs du XIXᵉ siècle.

1ᵉʳ vol. : Préface LVIII p., dédicace à Mᵐᵉ la comtesse Serafina San

Severino, née Porcia, signée de Balzac. — Milan, mai 1838; 310 p. et table.

2ᵉ vol. — 473 p. et table. Les deux volumes. . . . . 15 fr.

Werdet n'était plus, à cette époque, l'éditeur de Balzac, mais il avait acquis de MM. Béthune, Delloye et Lecou, qui en avaient la propriété, le droit d'imprimer ces deux volumes.

La Femme Supérieure avait paru en partie dans la *Presse* en 1837. Elle fut reproduite avec des changements et sous le titre : *les Employés*, en 1846, dans l'édition Furne, t. XI (*Scènes de la vie parisienne*).

La Torpille était inédite et est devenue plus tard la première partie de *Splendeur et Misère des Courtisanes*.

La Maison Nucingen, avec dédicace à Mᵐᵉ Zulma Carraud, était aussi inédite.

35. Le Cabinet des Antiques, scène de la vie de province, par H. de Balzac.

Paris, Hipp. Souverain, éditeur, 1839. — 2 vol. in-8. Imprimerie de Jacquin. — Couverture imprimée portant : H. DE BALZAC; *Le Cabinet des antiques, scène de la vie de Province. — Paris, Souverain, 1839*. Dédicaceà M. le baron de Hammer-Purgstall, conseiller aulique, à Vienne, signée de Balzac, aux Jardies, février 1839. 1ᵉʳ vol., 321 p. et table; 2ᵉ vol., 267 p. et table (renfermant *Gambara*). . . . . 15 fr.

Publié en 1ʳᵉ partie dans la *Chronique de Paris* du 6 mars 1836 sous le titre : *Cabinet des Antiques*, et en 2ᵉ partie dans le *Constitutionnel* de septembre et octobre 1838, sous le titre de : *Rivalités en Province*.

Cet ouvrage, avec le titre collectif de : *les Rivalités*, se trouve dans l'édition de Furne, t. VII.

Le deuxième volume renferme *Gambara*, en première édition de librairie.

36. Une Fille d'Ève, scène de la vie privée, par H. de Balzac.

Paris, H. Souverain, 1839. — 2 vol. in-8, imprimerie Jacquin. — Couverture jaune portant : H. DE BALZAC; *Une fille d'Ève.*

Annonces au verso des faux-titres. — 1ᵉʳ vol. 333 p. et table, 2ᵉ vol. 303 p. (renfermant *Massimilia Doni*). . . . . 15 fr.

Le premier volume renferme une préface (les Jardies, février 1839). *Une Fille d'Ève* a été imprimée pour la première fois dans le *Siècle* (décembre 1838 et janvier 1839).

Massimilia Doni, partiellement publiée dans la *France musicale* (août 1839), se trouve ici en première édition originale de librairie.

37. Un grand homme de province à Paris, scènes de la vie de province, par H. de Balzac.

Paris, H. Souverain, 1839. — 2 vol. in-8. Imprimerie de Béthune. . . . . 15 fr.

Le faux-titre porte : *Œuvres de H. de Balzac.*

Couverture bleue portant : H. DE BALZAC. *Un Grand Homme de province à Paris*.

1ᵉʳ vol., 351 p. et table.

2º vol., 352 p. et table.

La première partie de ce roman avait été publiée pour la première fois dans le t. IV des *Scènes de la vie de Province* (1837), édition Becquet et Werdet.

Le poète Canalis présente avec Lamartine une certaine ressemblance maligne qui a été certainement voulue par Balzac, car Balzac comprenait et goûtait fort peu la poésie, bien qu'il eût essayé de rimer dans sa première jeunesse une tragédie de Cromwel. Aussi a-t-il mis à contribution ses amis pour les sonnets de Lucien.

La *Marguerite* est de Mᵐᵉ E. de Girardin.

La *Tulipe*, de Théophile Gautier.

Les autres sont de Lassailly.

38. Physiologie du goût, par Brillat-Savarin, suivie d'un **Traité sur les excitants modernes**.

Paris, Charpentier, 1879. — 1 vol. in-18. . . . . 5 fr.

Le *Traité des excitants*, publié ici pour la première fois, fut réimprimé en 1855, à la suite des *Paysans*. (Voir le n°.85.)

39. Béatrix, OU LES AMOURS FORCÉS, scènes de la vie privée, par H. de Balzac.

Paris, Hippolyte Souverain, éditeur de H. de Balzac, etc., rue des Beaux-Arts, 5. 1840. (Imprimerie de E. Dépée.)

Tome Iᵉʳ, 323 p. chiff., y compris la préface, plus un feuillet pour la table ; au verso du faux-titre, annonces d'ouvrages de Balzac, Soulié, A. Brot, J. Lecomte et Aug. Luchet. — Annonces en travers sur le verso de la couverture.

Tome II, 299 p. chiff., plus 1 feuillet pour la table. Au verso du faux-titre, annonces d'ouvrages de Léon Gozlan et d'Emile Souvestre, devant paraître prochainement.

2 vol. in-8, couverture nankin, avec le titre, brochés. . . 20 fr.

Ce roman avait d'abord été publié en feuilletons dans le *Siècle*.

M. de Lovenjoul rappelle que les journaux du temps donnèrent la *clef* de *Béatrix*, savoir :

Camille Maupin, George Sand. — Marquise de Rochefide, Comtesse d'Agoult. — Claude Vignon, Gustave Planche. — Conti, Listz.

« Voici les épreuves de *Béatrix*, ce livre auquel vous m'avez fait porter une affection que je n'ai jamais eue pour aucun livre et qui a été l'anneau par lequel nous avons fait amitié. » (Lettre de Balzac à Mᵐᵉ V... 1840.)

40. Vautrin, drame en cinq actes, en prose, par M. de Balzac, représenté sur le théâtre de la Porte-Saint-Martin le 14 mars 1840.

Paris, Delloye, libraire éditeur, place de la Bourse, 13. Tresse, successeur de J.-N. Barba, Palais-Royal, galerie de Nemours. (Imprimerie de Dondey-Dupré.) 1840.

1 vol. in-8 de 247 p., avec la couverture jaune imprimée reproduisant le titre, plus cette mention : Prix 5 fr.

1 f. de dédicace à M. Laurent Jan, ami de Balzac, 20 mai 1840.

1 f. d'avis commençant par : M. de Balzac retenu au lit. Broché.   15 fr.

41. Vautrin, drame en cinq actes et en prose, par M. de Balzac. Paris, Delloye, 1840. — In-8, broché, couv. imprimée. . .   5 fr.

Troisième édition sous cette date, contenant la préface, qu'une maladie de Balzac l'avait empêché de mettre dans les deux premières.

42. Physiologie de l'Employé, par M. de Balzac, vignettes par Trimolet (vignette sur le titre).

Paris, Aubert, Lavigne, s. d. Imprimerie de Béthune et Plon. — In-32. Couverture jaune imprimée, avec une vignette différente de celle qui est sur le titre. 128 pages. . . . .   3 fr.

43. Pierrette, scène de la vie de province, par M. de Balzac. Paris, H. Souverain, 1840. — 2 vol. in-8. Imprimerie de Crété, à Corbeil.

1er vol., 294 p. et table ; 2e vol., 325 p. et table. — *Pierre Grassou* accompagne *Pierrette* dans cette 1re édition . . . .   10 fr.

Ce roman, dédié à Mlle Anne de Hanska, avait paru en feuilletons dans le *Siècle* du 14 au 27 janvier 1840. *Pierrette* forme la première partie des *Célibataires,* dont la deuxième partie, *le Curé de Tours,* avait paru pour la première fois sous le titre : *les Célibataires,* dans le t. III de la deuxième édition des *Scènes de la vie privée.* Mame et Delaunay, 1832.

« Vous imprimez *Pierrette* sans que je puisse vérifier les épreuves, et il y aura des fautes horribles ; vous trouvez inutile ou nuisible l'intervention de l'auteur dans l'impression de son œuvre ! » (Lettre de Balzac à Souverain (juin 1840).

44. Revue parisienne, dirigée par M. de Balzac, 25 juillet. Paris, à la *Revue Parisienne,* 1840. — 1 petit in-18 de 396 p.   5 fr.

Ce recueil, qui n'eut qu'une existence éphémère, renferme entre autres : *Z. Marcas,* daté des Jardies, mai 1840, dédié au comte Guillaume de Wurtemberg ; cette remarquable étude se trouve ici en édition originale.

Les Fantaisies de Claudine (UN PRINCE DE LA BOHÊME) ont paru pour la première fois dans le même recueil.

45. Une Princesse parisienne.
Paris, Souverain, 1841. — 1 vol. in-8, broché. . . . . . .   5 fr.

« A Théophile Gautier, son ami, H. de Balzac. »

Édition originale qui forme le t. Ier de la collection intitulée : *le Foyer de l'Opéra*. Ce roman avait paru en 1839 dans la *Presse*.

Il se retrouve dans le tome XI de la *Comédie humaine*, première édition Furne, sous le titre de : *les Secrets de la princesse de Cadignan*.

46. Physiologie du Rentier de Paris et de Province, par MM. de Balzac et Arnould Frémy.

Paris, P. Martinon, rue du Coq-Saint-Honoré, 1841, typographie Lacrampe. — In-32, 96 p. pour le *Rentier de Paris,* qui est de Balzac ; le *Rentier de Province*, qui est de A. Frémy, occupe la fin du volume, de la page 97 à la page 127 ; couverture jaune, portant pour titre : *Physiologie du Rentier de Paris et de province*, par MM. de Balzac et Arnould Frémy ; dessins par Gavarni, H. Monnier, Daumier, Meissonier.

Paris, Martinon, 1841 . . . . 3 fr.

47. Le Curé de village, scènes de la vie de campagne, par H. de Balzac.

Paris, Souverain, 1841.

Imprimerie Dépée ; préface datée de Paris, janvier 1841. — Annonces au verso du faux-titre

1er vol., 337 p. ; 2e vol., 378 p. et table. A la dernière page du tome Ier se trouve au verso un errata. Ensemble 2 vol. in-8 . . . . . 10 fr.

Ce roman avait paru dans la *Presse* en trois parties successives :

Le Curé de Village en décembre 1838 ;

Véronique en juillet 1839 ;

Véronique au tombeau, juillet 1839.

L'édition originale et les réimpressions qui ont été faites portent une dédicace à *Hélène*, supprimée plus tard dans l'édition définitive de 1869.

L'édition originale présente des différences nombreuses avec la version de la *Presse*.

Le *Curé de Village* devait être suivi de *Sœur Marie-des-Anges*, car Balzac écrivait à sa sœur en novembre 1840 :

« J'ai plus de trois cents colonnes de journal à écrire.

« *Les Lecamus*	120 colonnes.	
« *Une Ténébreuse Affaire*. . . .	120	*(dans le Commerce)*
« Un article à la *Mode*	64	.
« Un article à la *Sylphide* . . .	14	
« *Les Deux Frères*, à la *Presse*.	60	
Total.	378 colonnes.	

« Et tout cela doit paraître d'ici à un mois.

« En outre, j'ai sur les bras Souverain, pour le *Curé de Village* et *Sœur Marie-des-Anges*, quatre volume in-8 qui m'accablent d'épreuves. »

Sœur Marie-des-Anges n'a jamais paru.

48. Ursule Mirouet, par H. de Balzac.

Paris, Hippolyte Souverain, éditeur de H. de Balzac, Paul de Kock. F. Soulié, G. Sand, J. Lecomte, A. Brot, etc., rue des Beaux-Arts, n° 5. 1842. Imp. d'Aug. Laurant.

Tome Ier, 327 p. chiff., y compris la Dédicace à Mlle Sophie Surville. (Paris, août 1817). Au verso du faux-titre, annonces des ouvrages de Balzac. — Tome II, 336 p. chiff. — Annonces au verso du faux-titre d'ouvrages divers. — 2 vol. in-8, brochés. . . . . 15 fr.

Ce roman avait été imprimé pour la première fois dans le *Messager* (août, septembre 1841).

49. Monographie de la presse parisienne, par H. de Balzac, illustrée de scènes, croquis, charges, caricatures, portraits et grandes vignettes hors texte, avec un tableau synoptique de l'ordre gendelettre (extrait de la *Grande Ville*, nouveau tableau de Paris).

Paris, au Bureau central des publications nouvelles, rue des Prêtres-Saint-Germain-l'Auxerrois, n° 11. 1842. — Grand in-8 de 80 p. Imprimerie de Maulde. . . . . 10 fr.

50. Histoire de l'Empereur, racontée dans une grange par un vieux soldat et recueillie par M. de Balzac, vignettes par Lorentz, gravures par MM. Brévière et Novion. Silhouette noire de l'Empereur à cheval.

Paris, J.-J. Dubochet et Cie, J. Hetzel et Paulin, rue de Seine, 33; Aubert et Cie, place de la Bourse. 1842. Typ. Lacrampe et Cie. — 1 vol. petit in-16 de 104 pages chiff., broché, couverture imprimée avec le titre . . . . 10 fr.

Extrait du *Médecin de Campagne*.

51. Les Ressources de Quinola, comédie en cinq actes, en prose, et précédée d'un prologue, par M. de Balzac, représentée sur le second Théâtre-Français (Odéon) le samedi 19 mars 1842.

Paris, Hippolyte Souverain, éditeur, rue des Beaux-Arts, n° 5. 1842. Imp. de Laurent, à Lagny, avec préface datée de Lagny, 2 avril 1842. — 1 vol. in-8 de 216 p., broché, couvert. verte. imp. portant : H. DE BALZAC. *Les Ressources de Quinola* . . . . 20 fr.

Au verso sont annoncés des ouvrages de Balzac parus ou sous presse, publiés in-8, à 7 fr. 50 le volume.

« Faites-moi la *Presse aux Spectateurs*, écrivait Balzac à Mlle Sofie Koslovski quelques jours avant la représentation, mais riches, bien posés et incapables de témoigner leur désapprobation autrement que par des bâillements. »

« Entre nous, les premières sont de trente francs la place... »

La pièce n'eut aucun succès.

52. Mémoires de deux jeunes mariées, par H. de Balzac.

Paris, H. Souverain. 1842. — Impr. Dépée. Dédié à George Sand. Annonces au verso des faux-titres.

1ᵉʳ volume, 355 p. — 2ᵉ volume, 325 p.

Ensemble, 2 vol. in-8 . . . . . , ... 15 fr.

Roman imprimé d'abord dans la *Presse* (novembre 1841, janvier 1842).

Le premier volume porte la dédicace à George Sand et une préface datée des Jardies, mai 1840, toutes deux inédites.

Ce roman prit place en 1842 dans le t. II des *Scènes de la vie privée,* 1ʳᵉ édition de Furne.

Pour ce roman, Balzac eut encore maille à partir avec Souverain, à qui il écrivait en novembre 1842:

« Il m'est impossible de donner des *bons à tirer* sur placard, dans une imprimerie où, après un an, on ne sait pas encore que l'on compose des lettres...

« Quand on commet de ces fautes, ce n'est pas moi, c'est l'imprimerie qui en est cause et la remise en pages de la feuille 10 ne me regarde point. »

53. Les Deux Frères, par H. de Balzac.

Paris, H. Souverain. 1842. — 2 vol. in-8. Impr. Giroux, couverture portant : H. DE BALZAC, *les Deux Frères ;* dédié à Charles Nodier.

1ᵉʳ volume, 372 p. — 2ᵉ vol., 380 p. — Annonces au verso des faux-titres et couvertures. . . . . 10 fr.

Ce roman publié en partie pour la première fois dans la *Presse* en 1841, avec une dédicace à Charles Nodier, renferme aussi : *Un Ménage de garçon en Province*, imprimé dans la *Presse* (octobre, novembre 1842) et suivi du chapitre : *A qui la Succession?*

Il a pris place sous le titre de : *Un Ménage de garçon en Province* et comme troisième partie des *Célibataires*, dans le t. VI de la *Comédie humaine*, 1ʳᵉ édition Furne, 1843, et sous le titre de : *la Rabouilleuse*, dans l'édition définitive de 1869.

54. Scènes de la vie politique. — Une Ténébreuse affaire, par M. de Balzac.

Paris, H. Souverain, 1843. Impr. de Laurent, à Lagny. — Annonces au verso des faux-titres; dédié à Mᵐᵉ de Margonne.

1ᵉʳ vol., 304 p. et table. — 2ᵉ vol., 324 p. et table. — 3ᵉ vol., 324 p. et table.

Ensemble, 3 vol. in-8 . . . . 20 fr.

Ce roman avait paru d'abord dans le *Commerce* (janvier et février 1841).

55. Catherine de Médicis expliquée. — Le Martyr calviniste.

Paris, H. Souverain, 1843, comprenant aussi *le Secret des Ruggieri* et *les Deux Rêves.* — 3 vol. in-8 . . . . 20 fr.

Le *Martyr calviniste* dédié au marquis de Pastoret, avait paru, sans l'introduction, dans le *Siècle*, en mars et avril 1841, sous le titre : *les Lecamus*.

Une autre édition parut en 1845 sous la désignation suivante :

56. Catherine de Médicis expliquée. — Le Martyr calviniste, par M. de Balzac.

Paris, en vente chez Chlendowski, rue du Jardinet, n° 8. Impr. de E. Dépée, 1845. — 3 vol. in-8, brochés, couverture verte imprimée. . . . . 15 fr.

Au faux-titre : *Catherine de Médicis expliquée*, par M. de Balzac.

Tome Ier, xlx p. pour la dédicace à Monsieur le marquis de Pastoret (Paris, janvier 1862), la préface, et 335 p., plus la table. — Tome II, 314 p., plus la table.—Tome III porte en sous-titre : *le Secret des Ruggieri*. — *Les Deux Rêves*, 276 p., plus la table.

Le *Secret des Ruggieri* avait paru dans la *Chronique de Paris* (décembre 1836, janvier 1837) et pour la première fois en volume, dans la 4e édition des *Études philosophiques*, où il se trouve par conséquent en édition originale. (Voir le n° 32.)

La 3e partie, le *Petit Souper* (*Deux Rêves*). publiée pour la première fois dans la *Mode* (mai 1830), et reproduite dans la *Revue des Deux-Mondes* (décembre 1830) sous le titre : *le Petit Souper*, conte fantastique, entra en 1831 dans les *Romans et Contes philosophiques*.

Balzac, qui s'était inspiré, pour le *Martyr calviniste*, du *Tumulte d'Amboise*, de M. Germeau, lui écrivait en lui envoyant un exemplaire de son ouvrage :

« Vous reconnaîtrez votre bien. Toutes les couronnes ont des diamants volés. Si je m'étais laissé aller, je vous aurais tout pris. »

57. La Muse du département, ou Dinah et Rosalie, par H. de Balzac.

Paris, H. Souverain, 1843. — 4 vol. in-8. Imprimerie Giral. — Annonces au verso des faux-titres et couvertures. — (Dédié au comte Ferdinand de Grammont). — Couverture bleue ornée portant : *Bibliothèque de Romans nouveaux*, tomes 14-15-16-17, H. de Balzac. *La muse du département ou Dinah et Rosalie, 1844* . . . . 20 fr.

Les deux derniers volumes portent pour titre : *Rosalie*, et renferment *Rosalie* (*Albert Savarus*), *la Justice Paternelle* (*Un Drame au bord de la mer*) et *le Père Canet* (*Facino Cane*).

Cet ouvrage, imprimé dans le *Messager* de mars, avril 1843, renferme diverses parties publiées antérieurement par Balzac dans d'autres recueils.

Le roman d'*Albert Savarus*, un des moins connus de Balzac, renferme beaucoup de détails transposés sur ses habitudes de vie et de travail; le portrait de Savarus n'est autre que celui de Balzac. On pourrait même y voir, dit Th. Gautier, s'il était permis de soulever ces voiles, des confidences d'un autre genre.

Savarus avait paru dans le *Siècle* en mai-juin 1842, et la même année dans la *Comédie humaine* de Furne, où se trouve l'édition originale.

58. Paméla Giraud, pièce en cinq actes (théâtre de la Gaîté, 26 septembre 1843).

Paris, Marchant, 1843. — 1 vol. in-8 à deux colonnes. . .   3 fr.

59. David Séchard, par H. de Balzac.

Paris, Dumont, 1843. — 2 vol. in-8. Imprimerie Giroux.

1er vol., 333 p. et table. — 2e vol., 332 p. Annonces au dos de la couverture. — Les 2 vol. brochés . . . . 15 fr

David Séchard fait suite aux *Illusions perdues* et à *Un Grand Homme de Province à Paris.* Il forme la troisième partie de l'ouvrage. Cette troisième partie avait d'abord paru en 1843 dans le journal *l'Etat,* devenu *le Parisien-l'Etat.* Les trois parties réunies ont paru pour la première fois dans le tome VIII de la première édition de la *Comédie humaine.* Furne, 1843. C'est donc dans ce recueil que se trouve la première édition originale de *David Séchard.*

60. Un Début dans la vie, par H. de Balzac.

Paris, Dumont, 1844. — 2 vol. in-8. Imprimerie Giroux.

1er vol., 331 p. — 2e vol., 319 p. — Ensemble, 2 vol. . .   15 fr.

Dédié à Laure (de Balzac) et suivi de *la Fausse maîtresse.*

Ce roman avait été imprimé pour la première fois dans la *Législature* (juillet-septembre 1842), sous le titre : *le Danger des Mystifications.*

Quand à *la Fausse Maîtresse,* dédiée à la comtesse Clara Maffeï, et imprimée pour la première fois dans le *Siècle* en décembre 1841, elle entra en 1842 dans le premier volume des *Scènes de la vie privée,* première édition Furne, où elle se trouve par conséquent en édition originale.

Mme Laure Surville, sœur de Balzac, à qui *Un Début dans la vie* est dédié, a coopéré à cet ouvrage, d'abord intitulé *les Jeunes Gens,* car Balzac lui écrivait en février 1842 : « Si tu pouvais me trouver un sujet dans le genre de celui des *Jeunes Gens,* tu me rendrais le garçon le plus heureux du monde. Les *Jeunes Gens* ont fait un volume et j'en suis fier pour toi. Tu verras comment j'ai été amené à ne pas employer ton écriture. »

61. Modeste Mignon, ou les Trois Amoureux, par H. de Balzac.

Paris, G. Roux et Cassanet, 1844. — 4 vol in-8, renfermant aussi *Un Episode sous la terreur* publié pour la première fois en 1830, dans l'introduction des Mémoires de Sanson sur la Révolution française, et *Une Passion dans le désert* qui avait paru dans la *Revue de Paris* (décembre 1830) et dans le t. XVI des *Etudes philosophiques* (1837). Dédicace à une étrangère et plus tard à une Polonaise. . . . .   30 fr.

Une autre édition, imprimée par Schneider, en 4 volumes in-8, a paru en 1845 chez Chlendowski.

Ce roman, avant d'être imprimé en volumes, avait paru la même année dans les *Débats*. M. Armand Baschet signale, pour la même année 1844, l'édition suivante :

Les Trois Amoureux.

Imprimerie Moussin, à Coulommiers (sans frontispice et sans adresse de vendeur; la dédicace est signée de Balzac). — 2 vol. in-8. — Est-ce une prime du journal?

Nous n'avons pas eu connaissance de cette édition, et M. de Lovenjoul ne la mentionne pas.

62. Honorine, par H. de Balzac.

Paris, L. de Potter, libr. éd., rue Saint-Jacques, 38. — 2 vol. in-8. Imprimerie de Gratiot.

Annonces au verso des faux-titres. — tome Ier, 318 p. avec la table. — Tome II, 314 p. avec la table. — Ensemble 2 vol. . . . . . 15 fr.

Ce roman, dédié à Achille Devéria, avait paru d'abord dans la *Presse*, en mars 1843. Bien que datés de 1845, les deux volumes d'*Honorine* avaient été livrés au public en 1844.

Ils renfermaient aussi *Un Prince de la Bohême (les Fantaisies de Claudine)*, qui se trouve ici en première édition originale de librairie. Sur la couverture se trouve la date 1845, tandis qu'il y a 1844 sur le titre. Du moins, il en est ainsi sur notre exemplaire broché.

63. La Lune de miel, par H. de Balzac.

Paris, Chlendowski, 1845. — 2 vol. in-8. Imprimerie Schneider.
A la suite : *Les premières armes d'un Lion* (autre étude de femme). — Annonces au verso des faux-titres.

Tome Ier, 328 p. — Tome II, 310 p. — Ensemble 2 vol. . 15 fr.

Imprimé d'abord en décembre 1844 et janvier 1845 dans le *Messager* sous le titre : *les Petits Manèges d'une Femme vertueuse*. Ce roman est la suite de *Béatrix, ou les Amours forcés*, dont il forme la troisième et dernière partie.

64. Petites Misères de la vie conjugale, illustrées par Bertall.

Paris, Chlendowski (1845).
1 vol. gr. in-8, 392 p. chiff. et ij p. pour les ff. prélim. et la table placée au commencement. Couverture imprimée. . . . . 25 fr.

Publié par livraisons.

Cet ouvrage est formé par la réunion de fragments et pièces publiés dans divers recueils : *la Caricature, la Presse, le Diable à Paris,* etc.

« L'affaire de l'illustration des *Petites Misères* est terminée, et j'empoche environ sept mille francs. » Balzac à Mme Hanska, 10 avril 1845.

65. Splendeurs et Misères des Courtisanes. — ESTHER. — Par H. de Balzac.

Paris, L. de Potter, 1845. Imprimerie Giroux.

1er vol., 337 p. et table. — 2e vol., 326 p. — 3e vol., 342 p. — Annonces au verso des faux-titres et couvertures. — Ensemble 3 vol. in-8 . . . . 30 fr.

La première partie, ou pour mieux dire la première ébauche de cet ouvrage intéressant, avait paru en 1838, sous le titre de : *la Torpille*, dans les deux volumes publiés par Werdet, avec la dédicace au prince Alfonso Serafino di Porcia.

Cette première partie, suivie d'*Esther, ou les Amours d'un vieux Banquier,* fut publiée dans le *Parisien* en mai-juillet 1843.

L'édition de Potter ci-dessus renferme une partie inédite qui termine le récit d'*Esther* et qui n'avait point paru dans le *Parisien*.

Un Drame dans les Prisons, et la *Dernière Incarnation de Vautrin* forment la suite et l'épilogue des *Splendeurs et misères des Courtisanes*.

66. Paris marié, philosophie de la vie conjugale.

Paris, Hetzel, 1846.

Gr. in-8, avec vingt dessins tirés hors texte et quarante vignettes de Gavarni, broché. . . . . 25 fr.

Publié par livraisons, fait suite aux *Petites Misères de la vie conjugale*.

67. Le Provincial à Paris, par H. de Balzac.

Paris, Gabriel Roux et Cassanet. 1847. — Imprimerie de Bautruche Moussin. (Dédié au comte Jules de Castellane. — Annonces au verso des faux-titres.)

1er vol., 320 p. — 2e vol., 332 p. — Ensemble, 2 vol. in-8. 15 fr.

Comprenant en outre : *Gillette (le Chef-d'œuvre inconnu), le Rentier* et *El Verdugo*.

Le premier volume renferme un curieux avant-propos de l'éditeur sur Balzac.

Le *Provincial à Paris* parut d'abord avec la dédicace dans le *Courrier français* (avril 1846), sous ce titre : *les Comédiens sans le savoir*.

M. Armand Baschet signale un tirage in-4 de cette publication du journal (imp. de Proux), une feuille. Nous n'avons pas vu ce tirage à part et M. de Lovenjoul ne le mentionne pas.

C'est dans le tome XII de la *Comédie humaine,* Furne, 1846, que se trouve la première édition de librairie.

68. Les Parents pauvres.

T. I et II. — 2 vol. in-8, 1847. Imp. de Moussin, à Coulommiers, avec dédicace signée de Balzac.

Première partie : *la Cousine Bette*.

Ces volumes formaient la prime du *Constitutionnel* pour le renouvellement du 15 février 1847.

M. Armand Baschet parle de cette édition, que nous n'avons pas vue, et que nous signalons sur l'indication de cet auteur.

69. Les Parents pauvres, par H. de Balzac.

Paris, chez Louis Chlendowski et Pétion, 1847-1848. — 12 vol. in-8. Impr. de Schneider. — Dédicace à Don Michel Angelo Cajetani prince de Téano. . . . . 60 fr.

La première partie, *la Cousine Bette*, avec la dédicace, parut d'abord dans le *Constitutionnel* (octobre-décembre 1846). La deuxième partie, *les Deux Musiciens*, devenue ensuite *le Cousin Pons*, parut dans le même journal (mars-mai 1847). Ces deux parties furent payées à Balzac 22,074 francs.

Les *Parents pauvres* ont été imprimés en 1848, en un seul volume, qui forme le t. XVII de l'édition Furne, et le premier volume complémentaire de la *Comédie humaine*.

D'après M. Champfleury et Th. Gautier, la galerie de tableaux et objets d'art décrite dans le *Cousin Pons* était celle que Balzac avait réunie dans sa maison de la rue Fortunée, où il mourut, dans la nuit du 18 au 19 août 1850.

« *Les Parents pauvres*, *le Cousin Pons*, où le génie de l'auteur brille de tout son éclat, ralliaient tous les suffrages. C'était trop beau : il ne lui restait plus qu'à mourir. » (Th. Gautier.)

« Le *Vieux Musicien* est *le parent pauvre*, accablé d'humiliations, d'injures, plein de cœur, pardonnant tout et ne se vengeant que par des bienfaits. La *Cousine Bette* est *la parente pauvre* accablée d'humiliations, d'injures, vivant dans l'intérieur de trois ou quatre familles, et y méditant la vengeance de ses froissements d'amour propre et de vanité blessée. Ces deux histoires, avec celle de *Pierrette*, continueront l'*Histoire des Parents pauvres*.

(Balzac, lettre à Mᵐᵉ de Hanska, juin 1846.)

« Voilà deux longues nuits que je passe sur les *Parents pauvres ;* je crois que ce sera vraiment une belle œuvre, extraordinaire parmi celles dont je suis le plus satisfait. » (*Id.-Ibid.*)

Dans une lettre adressée à la même, en date du 2 août 1846, nous trouvons, relatif au même roman, le singulier passage qui suit :

« Je viens de terminer *le Parasite*, car tel sera, ainsi que je vous l'ai dit, le titre définitif de ce qui s'est appelé *le Bonhomme Pons*, *le vieux Musicien*, etc. C'est, pour moi du moins, une de ces belles œuvres d'une excessive simplicité qui contiennent tout le cœur humain. C'est aussi grand et plus clair que le *Curé de Tours*, c'est tout aussi navrant. J'en suis ravi ; je vous en porterai l'épreuve, vous me direz votre impression. Maintenant, je vais me mettre à *la Cousine Bette*, roman terrible, car le caractère principal sera un composé de ma mère, de Mᵐᵉ Valmore, et de votre tante. Ce sera l'histoire de bien des familles. »

C'est sur la prière de Mᵐᵉ de Hanska que le titre *le Parasite* fut écarté et remplacé par celui de : *le Cousin Pons*.

70. Un Drame dans les prisons, par H. de Balzac.

Paris, Hippolyte Souverain, rue des Beaux-Arts, n° 5. — 1847.
2 in-8 (contenant aussi l'*Esquisse d'homme d'affaires*), dont 292 p.,
pour le tome Ier, et 300 p. pour le tome II, annonces au verso du faux-
titre. Broché . . . . 15 fr.

Rare, très intéressant, comme étude de mœurs du palais et des prisons ;
c'est la troisième partie de : *Splendeurs et Misères des Courtisanes.*

Cette partie avait paru sous le titre de : *Une Instruction criminelle,*
dans l'*Epoque* de juillet 1846, puis avait été imprimée, avec le titre actuel
et sous la date de 1846, dans le t. XII de la *Comedie humaine,* première
édition Furne, où elle se trouve par conséquent en édition originale de
librairie.

71. La Femme de soixante ans, par H. de Balzac.

Paris, Gabriel Roux et Cassanet, éditeurs, en vente à la librairie, ·
n° 26, rue du Vieux-Colombier, 1847. Imp. d'Édouard Baudruche. —
3 vol. in-8 brochés, couverture jaune imprimée. . . . . 15 fr.
Tome Ier, 310 p. — Tome II, 331 p. — Tome III, 344 p.

A la suite de *la Femme de soixante ans,* l'éditeur a fait imprimer : *l'Enfant maudit, l'Epicier, le Notaire* et *la Femme de Province. L'Epicier* et *le
Notaire,* extraits des *Français peints par eux-mêmes,* ont été réimprimés ici
pour la première fois. *La Femme de Province,* publiée dans le même recueil,
est entrée ensuite dans *la Muse du Département* (1843).
Madame de la Chanterie (Paris, de Potter, 1854, 1 vol. in-8 de 314 p·
(table comprise) est une autre édition du même ouvrage.
Ce roman n'a pas paru en feuilleton, ainsi que cela est indiqué sur
le titre, mais il avait paru en partie dans le *Musée des Familles* en septembre 1842 (*les Méchancetés d'un Saint*), en septembre 1843 (*Madame de
la Chanterie*), en octobre et novembre 1844 (*Madame de la Chanterie,* suite
et fin).
Les trois parties, remaniées et reliées entre elles sous le titre : *l'Envers
de l'Histoire contemporaine,* premier épisode, parurent en 1846 dans le
t. XII de la *Comédie humaine,* première édition de Furne, qui renferme
par conséquent l'édition originale, en librairie, de cet ouvrage.
La suite de *Madame de la Chanterie,* annoncée d'abord sous le nom de : *les
Frères de la Consolation,* parut pour la première fois avec son titre définitif,
l'Initié, dans le *Spectateur républicain* (août-septembre 1848), puis en 1854
sous le titre :

72. L'Initié.

Paris, L. de Potter, libraire-éditeur, s. d. Imp. de Gratiot. — 2 vol.
in-8 de 319 et 318 p. (terminés par une réimpression de *el Verdugo*) . . . . 15 fr.

En 1855. *l'Initié* fut imprimé comme suite à *l'Envers de l'Histoire contemporaine* dans le tome second des volumes complémentaires de la *Comédie
humaine* qui forme le tome XVIII de l'édition Houssiaux, avec gravures.

73. Le Député d'Arcis, scènes de la vie politique.

In-4 oblong, de trois feuilles. — Fin de la 1ʳᵉ partie. — Signée DE BALZAC.

Réimpression des feuilletons de l'*Union monarchique*, publication ommencée le 7 avril 1847.

Nous n'avons jamais vu ce tirage, qui est mentionné par M. Armand Baschet, et qui serait la seule édition originale de l'auteur, les autres éditions étant posthumes.

Ce roman a été terminé par Charles Rabou, qui l'a fait suivre de : *le Comte de Sallenauve* et *la Famille Beauvisage*. (Voir plus loin les nᵒˢ 82, 83 et 84.)

74. La Marâtre, drame intime en cinq actes et huit tableaux (représenté pour la première fois, le 25 mai 1848, sur le Théâtre-Historique). Paris, Michel Lévy, 1848. — 1 vol. in-12. . . . . 5 fr.

75. La Dernière incarnation de Vautrin, par H. de Balzac.
Paris, Louis Chlendowski. 1848. — 3 vol. in-8. Imp. de Cosson.
1ᵉʳ vol., 305 p. — 2ᵉ vol., 303 p. — 3ᵉ vol., 298 p. et table. 25 fr.

On a réimprimé à la suite *les Martyrs ignorés, Une Rue de Paris et son Habitant.*

Les Martyrs ignorés avaient déjà été publiés sous le titre d'*Ecce Homo* dans la *Chronique de Paris* (juin 1836) et en 1837 dans le t. XII des *Études philosophiques; Une Rue de Paris*, qui se trouve ici en première édition de librairie, avait paru dans le *Siècle*, juillet 1845.

La Dernière Incarnation de Vautrin est la quatrième partie des *Splendeurs et Misères des Courtisanes*, l'un des plus attachants romans de Balzac. Elle parut pour la première fois dans la *Presse* (avril-mai 1848), et plus tard, en 1855, entra dans le second tome complémentaire de la *Comédie humaine*, t. XVIII de l'édition Houssiaux.

76. Mercadet, comédie en trois actes et en prose, par H. de Balzac.
Paris, à la Librairie théâtrale, ancienne maison Marchant, boulevard Saint-Martin, 12. 1851. Imprimerie de Mᵐᵉ Vᵉ Dondey-Dupré.

Au faux titre : Représentée pour la première fois, à Paris, sur le théâtre du Gymnase le 24 août 1851.

1 vol. gr. in-18 de 111 p. chiff. Broché, couverture grise reproduisant le titre, annonces au verso. . . . . 5 fr.

Cette pièce, mentionnée déjà par Balzac sous le titre de : *le Faiseur*, dans l'avis aux abonnés du dernier numéro de la *Revue parisienne* (septembre 1840), fut remaniée par M. d'Ennery, après la mort de l'auteur, et réduite en trois actes pour la représentation.

77. Le Faiseur, comédie en cinq actes et en prose, par H. de Balzac, entièrement conforme au manuscrit de l'auteur.

Paris, A. Cadot, 1853. — In-12. Imprimerie Dépée, à Sceaux.
251 p. . . . . 10 fr.

Le Faiseur, avant de paraître en volume, avait été imprimé pour la première fois (août et septembre 1851) dans le journal *le Pays*.

Le Faiseur était primitivement destiné au Théâtre-Français. Balzac l'en retira en janvier 1849; la pièce avait déjà été composée et imprimée pour Michel Lévy, mais Balzac paya à cet éditeur les frais de composition, ou du moins offrit de les payer, pour qu'il ne fût tiré aucune épreuve de cette impression.

Théâtre complet.

Paris, Giraud et Dagneau, 1853.
1 vol. in-18. — 5 fr.
Première édition collective, sans le *Faiseur*, et comprenant : *Vautrin*. — *Les Ressources de Quinola*. — *Paméla Giraud*. — *La Marâtre*. — Les préfaces sont supprimées.

78. Les Fantaisies de Claudine, par H. de Balzac.

Paris, E. Didier, 1853. — In-16, couverture blanche imprimée en rouge. Annonces au verso du faux-titre et de la couverture. — 96 p. . 5 fr.

Ce joli petit volume reproduit exactement la version qui a paru pour la première fois dans la *Revue parisienne* (25 août 1840) et qui a reçu plus tard le titre de : *Un Prince de la Bohême*.

79. Traité de la Vie élégante.

Paris, Librairie nouvelle, 1853. — 1 vol. petit in-18. — Première édition de librairie. — Broché, couverture imprimée. (Publié dans le journal *la Mode* en 1830, août et septembre.) . . . . 4 fr.

80. Théorie de la Démarche. (Cet ouvrage est inédit en librairie.)

Extrait de l'*Europe littéraire*, août 1833.
Paris, Eug. Didier, 1853. — In-16, 95 p.
Couverture blanche imprimée en rouge. — Annonces au verso des faux-titres et de la couverture. . . . . 4 fr.

81. Peines de cœur d'une chatte anglaise, par H. de Balzac,

suivies des PEINES DE CŒUR D'UNE CHATTE FRANÇAISE, par J. Stahl (Hetzel).
Paris, Blanchard, 1853. — 1 vol. in-32. . . . . : 3 fr.

82. Scènes de la vie politique.

LE DÉPUTÉ D'ARCIS, par H. de Balzac, auteur de Mme *de la Chanterie*, de *l'Initié*, etc. terminé par Ch Rabou.

Paris, L. de Potter, libr. éd. (1854). S. d. — 4 vol. in-8. Imprimerie Jacquin. — Annonces au verso des faux-titres et des couvertures.

1er vol., 328 p. — 2e vol., 327 p. — 3e vol., 320 p. — 4e vol., 298 p. . . . . 20 fr.

Balzac a écrit seulement le commencement de cet ouvrage, *l'Élection* publié, comme nous l'avons dit plus haut, dans l'*Union monarchique* en 1847. Charles Rabou l'a terminé et fait paraître dans le *Constitutionnel* en 1853, avec les suites, *le Comte de Sallenauve* et *la Famille Beauvisage.*

83. Le Comte de Sallenauve, par H. de Balzac, auteur du *Député d'Arcis*, etc., terminé par Ch. Rabou.

Paris, L. de Potter, lib. éd., rue Saint-Jacques, 38 (1855). S. d. — 5 vol. in-8. Imprimerie Gratiot. — Annonces au verso des faux-titres et couvertures.

1er vol., 304 p. — 2e vol., 312 p. — 3e vol., 304 p. — 4e vol., 312 p. — 5e vol., 319. p. . . . . 25 fr.

Cet ouvrage fait suite au *Député d'Arcis*, dont il forme la deuxième partie; il est de Charles Rabou.

84. La Famille Beauvisage, par H. de Balzac, terminé par Ch. Rabou.

Paris, L. de Potter (1855). S. d. 4 vol. in-8. Imprimerie Gratiot. — Annonces au verso des faux-titres et couvertures.

1er vol., 326 p. — 2e vol., 323 p. — 3e vol., 311 p. — 4e vol., 320 p. — Ensemble, 4 vol. . . . . 20 fr.

Suite du précédent, et troisième partie du *Député d'Arcis;* écrit également par Charles Rabou.

85. Scènes de la vie de campagne.

Les Paysans, par H. de Balzac, auteur de *la Famille Beauvisage*, etc.

Paris, L. de Potter, libr. éd., rue Saint-Jacques, 38 (1855). S. d. — 5 vol. in-8. Imprimerie Gratiot. (Dédié à P. S. B. Gavault.) — Annonces au verso des faux-titres et couvertures.

1er vol., 305 p. et table. — 2 vol., 306 p. et table. — 3e vol., 309 p. et table. — 4e vol., 319 p. et table. — 5e vol., 287 p. et table . . . . 35 fr.

A la fin, et comme remplissage : Traité des Excitants. — Voyage a Java. (Publié pour la première fois dans la *Revue de Paris* de novembre 1832.)

Cet ouvrage avait été annoncé, avant sa publication, sous le titre : *Qui terre a guerre a.*

La première partie parut dans la *Presse* de décembre 1844, et fut interrompue parce qu'elle amena de nombreux désabonnements au journal. Le public goûta peu cette œuvre si étudiée, si forte, mais qui perdait sa saveur à être servie par tranches quotidiennes. Alexandre Dumas fut appelé à la rescousse pour rallier, avec ses amusants récits, les abonnés dispersés.

C'est seulement cinq ans après la mort de Balzac, que *les Paysans* furent repris et publiés en entier dans la *Revue de Paris*, puis imprimés en 5 volumes à la librairie de Potter.

Cet ouvrage entra la même année dans le t. XVIII de l'édition Houssiaux (deuxième tome complémentaire en première édition collective de la *Comédie humaine*), avec gravures.

86. Scènes de la vie parisienne.

Les Petits Bourgeois, par H. de Balzac, auteur de : les Paysans, le Comte de Sallenauve, la Famille Beauvisage, le Député d'Arcis, Madame de la Chanterie, l'Initié, Splendeur et Misère d'une courtisane, Un Début dans la vie, David Séchard, etc.

Paris, L. de Potter, libraire éditeur, rue Saint-Jacques, 38. Sans date (Imp. E. Jacquin à Fontainebleau.) (1856-57).

Première série : les Petits Bourgeois (1856).

Tome Ier, 319 p. chiff. — Tome II, 313 p. *id.* — Tome III, 323 p. *id.* — Tome IV, 312 p. id.

Deuxième série : les Parvenus (1857).

Tome Ier, 320 p. chiff. — Tome II, 327 p. *id.* — Tome III, 327 p. *id.* — Tome IV, 336 p. *id.*

Ensemble, 8 vol. in-8, brochés, couverture jaune reproduisant le titre. . . . . 40 fr.

Le titre ne mentionne pas, comme pour *le Député d'Arcis* et ses suites, la participation de Charles Rabou.

Bien qu'il n'ait pu recevoir par le travail des épreuves la dernière touche du maître, cet important ouvrage est bien de Balzac, et il était même écrit en 1844.

Nous trouvons en effet dans la lettre de Balzac (5 février 1844) à Mme de Hanska, qu'il épousa quelques années après, le passage suivant :

« Hier donc, j'ai fait des courses ; car il faut penser à faire composer les *Petits Bourgeois* par un imprimeur aux frais d'un nouvel éditeur. »

« Ma vengeance, c'est d'écrire dans les *Débats*, les *Petits Bourgeois*; c'est de faire dire à mes ennemis avec rage : au moment où l'on peut croire qu'il a vidé son sac, il lance un chef-d'œuvre ! »

Et du 29 février 1844 :

« Je suis allé chercher l'épreuve de tout ce que j'ai fait des *Petits Bourgeois*. »

Pourtant ce roman ne parut pas alors, et c'est seulement dans le journal *le Pays* (juillet et octobre 1854) qu'il fut imprimé en entier pour la première fois.

87. Correspondance de H. de Balzac, 1819-1850, avec un beau portrait gravé par Gustave Lévy.

Paris, Calmann Lévy, éditeur, 1876.

2 vol. grand in-18 . . . .   7 fr.

Cette correspondance a été détachée des œuvres complètes publiées par le même éditeur. (Voir plus bas le nº 90.)

C'est dans ces nombreuses lettres (il y en a près de 400) que l'on peut seulement apprendre à connaître véritablement Balzac. Elles sont précieuses parce qu'elles nous permettent de pénétrer dans sa vie littéraire et qu'elles nous révèlent chez lui un cœur et un caractère d'une élévation égale à celle de son génie.

Après avoir lu ces lettres si intéressantes, on voit bien que les excentricités de M. de Balzac, sa canne à pomme incrustée, son habit bleu à boutons d'or ciselé, sa voiture et sa livrée aux armes d'Entragues, sa maison des Jardies, qui ont tant occupé les nouvellistes de l'époque, n'ont tenu qu'une place éphémère et bien minime dans cette existence de labeur acharné.

ÉDITIONS COLLECTIVES

DES

ŒUVRES DE BALZAC

Les éditions collectives des œuvres de Balzac présentent un intérêt particulier à cause des changements apportés par l'auteur, qui s'occupait avec le plus grand soin de la révision des épreuves.

Les éditions collectives partielles ont été indiquées à leur date dans notre nomenclature des éditions originales, mais nous avons réservé pour en faire une mention spéciale :

88. Celle de Furne et Dubochet, 17 vol. in-8.

Paris, 1842-1848, qui est en réalité la première édition originale, revue et mise en ordre par l'auteur de la *Comédie humaine*. A ce titre, c'est la plus précieuse. Elle renferme, du reste, en première édition originale de librairie :

L'avant-propos daté de Paris, juillet 1842.

David Séchard, Albert Savarus, Un Début dans la vie, l'Envers de la Vie contemporaine (premier épisode). **Un Drame dans les prisons, la Fausse Maîtresse, les Comédiens sans le savoir.**

Les *Parents pauvres*, parus en 1848, forment le 17ᵉ volume, ou premier tome complémentaire de la *Comédie humaine*, limitée avant cela à 16 volumes.

Les figures, gravées hors texte, en premier tirage, d'après Tony Johannot, Travies, G. Jacques, Français, Meissonier, etc., sont charmantes et rehaussent l'éclat de ce bel ouvrage, qu'on trouve difficilement complet et en belle condition. Quelques rares exemplaires portent un envoi autographe signé Balzac.

C'est l'édition *favorite* de Balzac, qui écrivait à ce sujet à M. d'Apponyi le 17 août 1842 :

« Si j'ai pris la liberté de vous offrir la *Comédie humaine* pour votre belle bibliothèque, c'est moins à titre d'ornement littéraire que comme curiosité bibliographique. Ce livre a cela de curieux qu'il est le premier où l'on ait pu réunir le luxe et la perfection qui distinguent *les livres tirés à la presse à bras*, tout en exécutant le tirage à *la presse mécanique*. Cette espèce de triomphe qui consiste à faire tomber juste les lignes les unes sur les autres dans la *retiration*, c'est-à-dire en tirant le second côté de la feuille au revers du côté déjà noirci, s'est constamment bien accompli. Cela, de même que l'égalité de la couleur et du foulage, n'avait jamais été obtenu ni en Angleterre ni à Paris, et n'a pu être réalisé à Paris que dans une seule imprimerie où l'on a spécialement étudié la presse mécanique.»

Les 17 volumes de l'édition Furne ont été publiés au prix de 85 francs ; mais ils ont aujourd'hui une valeur bien supérieure, 200 à 250 francs, et cette valeur ira en croissant.

Nous reproduisons ici, d'après un catalogue de la librairie Furne, le classement des 116 gravures, tel qu'il a été donné par l'éditeur, pour les 16 premiers volumes.

Liste et placement des 116 gravures de la COMÉDIE HUMAINE
(*Œuvres complètes de M. H. de Balzac, Furne, 1846*).

TOME PREMIER : 1. M. Guillaume (*la Maison du Chat qui pelote*), au titre. — 2. M. de Fontaine (*le Bal de Sceaux*), p. 85. — 3. Schinner (*la Bourse*), p. 139. — 4. Adelaïde, p. 161. — 5. Ginevra di Piombo (*la Vendetta*), p. 168. — 6. A toute heure du jour (*Une Double Famille*), p. 251. — 7. Colonel de Soulanges (*la Paix du Ménage*), p. 316. — 8. Malaga (*la Fausse Maîtresse*), p. 350.

TOME DEUXIÈME : 9. Ces deux petits (*Mémoires de deux Jeunes Mariées*), au titre. — 10. Si vous aviez à me reprendre (*id.*), p. 27. — 11. Mes yeux ont été magiquement attirés (*id.*), p. 52. — 12. Elle avait exigé de moi (*id.*), p. 193. — 13. Comtesse de Vandenesse (*Une Fille d'Eve*). p. 195. — 14. La femme abandonnée, p. 300. — 15. Allons, Madame (*le Message*), p. 361. — 16. Gobseck, p. 374.

TOME TROISIÈME : 17. M. Crottat (*la Femme de trente ans*), au titre. — 18. C'est là, répondit-il (*id.*), p. 47. — 19. M. Mathias (*le Contrat de mariage*), p. 166. — 20. Ne me dites pas de niaiseries (*id.*), p. 200. — 21. Miss Stevens (*id.*), p. 280. — 22. Fanny (*id.*), p. 285. — 23. Mlle de Pen-Hoël, (*Béatrix*), p. 312. — 24. Ces deux femmes indolentes (*id.*), p. 431.

TOME QUATRIÈME : 25. Mme Latournelle (*Modeste Mignon*), au titre. — 26. Butscha (*id.*), p. 116. — 27. Modeste Mignon (*id.*), p. 227 — 28. L'Abbé Loraux (*Honorine*), p. 346. — 29. Pierrotin (*Un Debut dans la vie*), p. 414. — 30. Oscar Usson (*id.*), p. 446. — 31. Mistigri (*id.*), p. 447. — 32. Oscar blessé (*id.*), p. 549.

TOME CINQUIÈME : 33. Le curé Chaperon (*Ursule Mirouet*), au titre. —

tre Frenhofer (*le Chef-d'œuvre inconnu*), p. 285. — 103. Balthazar Claës
(*la Recherche de l'Absolu*), p. 321. — 104. Lemulquinier (*id.*), p. 356.

TOME QUINZIÈME : 105. Comte d'Hérouville (*l'Enfant maudit*), au titre.
— 106. Gabrielle (*id.*), p. 193. — 107. Juana (*les Marana*). p. 427. — 108.
Adieu, p. 283. — 109. Christophe (*Catherine de Médicis*), p. 514. — 110.
Théodore de Béze (*id.*), p. 646.

TOME SEIZIÈME : 111. Laurent Ruggierri (*Catherine de Médicis*), au titre.
— 112. Godefroy (*les Proscrits*), p. 87. — 113. Louis Lambert, p. 195. —
114. M Becker (*Séraphita*), 237. — 115. Une Femme honnête (*Physiologie
du Mariage*), 363. — 116. Le Célibataire (*id.*), 469.

Le tome 17, paru en 1848 et contenant les *Parents pauvres*, renferme
5 gravures, soit en tout, pour les 17 volumes, 121 gravures.

89. L'Édition Houssiaux.

Paris, 1855. — 20 vol. in-8. Ornée des mêmes figures que la
précédente, dont elle n'est qu'un nouveau tirage; elle présente de
plus un portrait de Balzac, une notice sur Balzac par George Sand,
datée de Nohant, octobre 1853, et 3 volumes nouveaux d'œuvres collectives, savoir :

Le tome XVIII, avec 16 gravures, renferme : **la Dernière incarnation de Vautrin, l'Initié, les Paysans, Petites Misères de la vie
conjugale.**

Le tome XIX, avec 4 gravures, renferme : tout le **Théâtre**, moins
LE FAISEUR.

Le tome XX, avec 4 gravures, renferme les trois dixains des **Contes drolatiques** (3e édition).

Le tome XVII renferme **les Parents pauvres**, avec 5 gravures.

Le t. XIII de l'édition Houssiaux contient 6 gravures, tandis que le
même de l'édition Furne n'en contient point.

Le prix de publication était de 100 fr. pour les 20 volumes.

En 1865, l'éditeur Houssiaux a ajouté *le Faiseur* au t. XIX.

L'édition de la Librairie nouvelle, Paris, 1856-1859, 45 volumes in-16, ne
comprend rien de plus que les éditions d'Houssiaux; *le Faiseur* s'y trouve
dans le t. 45, tandis qu'il n'a été ajouté à l'édition Houssiaux qu'en 1865.

90. Il nous reste à dire quelques mots de l'édition définitive publiée
par la maison Lévy frères et Calmann Lévy, 1869-1876. 24 vol. g. in-8,
dans laquelle on s'est conformé aux notes manuscrites laissées par
Balzac et dans laquelle on a réuni tous les écrits de Balzac dispersés
jusque-là dans divers journaux ou recueils.

Cette édition comprend :

Tomes I. à IV. Première partie, premier livre : **Scènes de la vie
privée**, sixième édition, 4 vol. in-8, 1869.

Tomes V à VII. Première partie, deuxième livre : **Scènes de la vie
de province**, quatrième édition, 3 vol. in-8, 1869.

Tomes VIII à XI. Première partie, troisième livre : **Scènes de la vie Parisienne**, quatrième édition, 4 vol. in-8, 1869.

Tomes XII à XIV. Première partie, quatrième, cinquième et sixième livres : **Scènes de la vie militaire, Scènes de la vie politique, Scènes de la vie de campagne**, deuxième édition, 3 vol. in-8, 1870.

Tomes XV à XVII. Deuxième partie : **Études philosophiques**, sixième édition ; troisième partie : **Études analytiques**, deuxième édition, 3 vol. in-8, 1870.

Le tome XVII termine la **Comédie humaine**; les volumes suivants comprennent les autres œuvres de Balzac.

Œuvres complètes. Tome XVIII : **Théâtre**, troisième édition, 1 vol. in-8, 1870.

Tome XIX. **Les Contes drolatiques**, cinquième édition, 1 vol. in-8, 1870.

Tomes XX à XXIII. **Œuvres diverses**, 4 vol. in-8, 1870-1872. Comprenant les écrits de Balzac publiés dans divers recueils et réunis ici pour la première fois en volumes.

Tome XXIV. **Correspondance de Balzac,** 1 vol. in-8, 1876. Comprenant toutes les lettres de l'auteur qui ont pu être réunies et qui sont publiées ici pour la première fois.

L'édition Lévy, dite définitive, et composée, comme il vient d'être dit, de 24 volumes publiés à 7 fr. 50 le volume, peut être considérée comme une édition de bibliothèque et de travail. Les tomes XX à XXIV renferment une suite de pièces qui ne se trouvent pas dans les éditions précédentes ; à ce titre, ils doivent tout au moins être ajoutés à l'édition de Furne (17 volumes) augmentée des t. XVIII, XIX et XX de la première édition Houssiaux.

Les éditeurs Lévy ont fait tirer 200 exemplaires de l'édition définitive sur papier de Hollande, portant dans son filigrane la marque distinctive de l'édition.

Le prix était de 20 francs le volume.

ÉCRITS RELATIFS A BALZAC

Les livres, et surtout les articles de journaux et revues dont Balzac a fourni le sujet, sont très nombreux. Nous renvoyons au savant ouvrage de M. de Lovenjoul les personnes qui désireraient en consulter la nomenclature complète. Nous nous bornons à indiquer ici les ouvrages qui nous paraissent devoir être placés dans le cabinet du bibliophile, à la suite des œuvres du grand romancier, et de préférence ceux de ces ouvrages dont les auteurs ont été en relations directes avec Balzac.

91. La Canne de M. de Balzac, par Mme Emile de Girardin.

Cela n'a pas le sens commun (conversation).

Paris, librairie de Dumont, Palais-Royal, 88, 1836. — (Imp. Doudey-Dupré.) 1 vol. in-8. — Couverture jaune reproduisant le titre. Conte fantastique très finement écrit. La fameuse canne est un talisman qui rend invisible. Tancrède l'emprunte à Balzac et s'en sert pour obtenir l'amour et la main d'une *jeune Muse* nommée Clarisse.

Volume rare et recherché ; 368 p. . . . . 40 fr.

92. Variétés littéraires : H. DE BALZAC. — ETUDE VARIÉE. — GÉNÉRALITÉS DE LA COMÉDIE HUMAINE. — LE GÉNIE DE M. DE BALZAC, par Armand Baschet, avec notes historiques par Champfleury.

Paris, Blosse, éditeur, passage du Commerce. — Blois, imprimerie Morard. Brochure grand in-8, 24 p. (1851) . . . . 3 fr.

93. Les Physionomies littéraires de ce temps : HONORÉ DE BALZAC. — Essai sur l'homme et sur l'œuvre, par Armand Baschet, avec notes historiques par Champfleury.

Paris, D. Giraud et J. Dagneau, 1852. — (Imp. de G. Gratiot.) 1 vol. in-12, de 248 p. chiff., plus 1 f. pour la table . . . . 5 fr.

Cet intéressant volume renferme le premier essai bibliographique de l'œuvre de Balzac.

94. Balzac en pantoufles, par Léon Gozlan. — (Edition interdite pour la Belgique et l'étranger.)

Paris, M. Lévy, Hetzel, 1836. — In-32. Bruxelles, typogr. Vanbuggenhoudt. Couverture imprimée. Portrait de Balzac, lith. d'Emile Lassalle. Préface sig. Gozlan — 156 p. en tout.

Ce volume a eu au moins deux éditions.

95. Balzac, sa Vie et ses Œuvres, d'après la correspondance de Mme L. Surville (née Balzac).

Paris, Librairie nouvelle, 1858. —In-12, 210 p.

96. Honoré de Balzac, par Théophile Gautier. — Edition revuc et augmentée, avec un portrait gravé à l'eau-forte par Hédouin.

Paris, Poulet-Malassis et de Broise, 1859. — In-12, 2 fac-simile de lettres, 177 p. 8 fr.

C'est la plus belle étude qui ait été faite sur Balzac. Il en a été tiré quelques exemplaires sur chine. Celui d'Asselineau contenait l'original de la lettre de Balzac reproduite en fac-simile en tête du volume.

97. Portrait intime de Balzac, sa vie, son humeur et son caractère, par Edmond Werdet, son ancien libraire-éditeur.

Paris, E. Dentu, 1859. — (Imp. Cosson.) 1 vol. gr. in-18. VIII et 404 p. chiff., table comprise . . . . 6 fr.

98. Balzac chez lui, Souvenirs des Jardies, par Léon Gozlan.

Paris, M. Lévy, 1863. — In-12 de 392 p. . . . . 5 fr.

Ce volume a eu au moins deux éditions.

99. Histoire des Œuvres de H. de Balzac, par Charles de Lovenjoul.

Paris, Calmann Lévy, éditeur, 1879. — (Imp. Quantin.) 1 vol. gr. in-8 de 408 p. chiff. . . . . 7 fr. 50

100. Un Dernier Chapitre de l'Histoire des Œuvres de H. de Balzac, par Charles de Lovenjoul.

Paris, E. Dentu, libraire-éditeur, 1880. — (Imp. Quantin.) Gr. in-8 de 63 p. . . . . 2 fr. 50

Appendice relatif aux procès et à la polémique de Balzac, qui doit être joint au n° 99.

Cette excellente monographie, fruit de recherches persévérantes et approfondies, donne la filiation exacte de tous les romans de Balzac, les changements dans le texte, les titres et la distribution des chapitres. Elle donne de plus la nomenclature méthodique des ouvrages, et une bibliographie complète des écrits relatifs à Balzac.

4

APPENDICE

Pendant l'impression de notre notice, M. de Lovenjoul a bien voulu nous communiquer une édition des *Parents pauvres* qu'il venait de rencontrer chez un bouquiniste, et qui est sans nul doute la véritable édition originale, non citée jusqu'ici. Elle a pour titre :

Histoire des Parens Pauvres.
La Cousine Bette et les Deux Musiciens, par M. de Balzac.
Paris, imprimerie de Boniface, rue des Bons–Enfans, n° 19. S. d. (1846-1847).
1 vol in-4.; texte à deux colonnes et encadré; la pagination se suit de 85 à 364.

Ce texte a été détaché du journal *le Constitutionnel*, comme *l'Eldorado*, (*Fortunio*) fut détaché du *Figaro* en 1837.

En tête se trouve la dédicace à don Michele-Angelo Cajetani, signée de Balzac, Paris, août-septembre 1846.

Cette édition est rarissime; elle renferme trois notes de l'auteur et un avertissement pour *le Cousin Pons*, qui n'ont pas été reproduits dans les autres éditions. La deuxième partie du roman commence à la page 245; elle a pour titre : *le Cousin Pons, ou les Deux Musiciens, par M. de Balzac.*

Nous devons mentionner également les articles suivants, qui ne sont pas indiqués dans notre notice :

Petites Misères de la vie conjugale.
Paris, chez Roux et Cassanet, 1846. 3 vol. in-8. . . . . . . 15 fr.
C'est la seconde édition de cet ouvrage en volumes de librairie.

L'École des ménages, comédie, par M. de Balzac.
Cette pièce restée inédite avait été imprimée pour l'auteur à douze exemplaires d'épreuves. L'un de ces exemplaires se trouve dans la précieuse collection de M. de Lovenjoul.

Du Droit d'aînesse, par M. D.... (M. de Balzac).
Paris, chez Delonchamps, Dentu et Petit. 1824.
Brochure in-8.

Histoire impartiale des Jésuites.
Paris, Delonchamps, 1824 ; 1 volume petit in-18.

Enquête sur la politique des deux ministères.
Paris, A. Levavasseur, 1831.
Brochure in-8, signée : « par M. de Balzac, électeur éligible. »

Notes remises à MM. les Députés composant la commission de la loi sur la propriété littéraire.
Paris, Hetzel et Paulin, mars 1841.
Une brochure in-8.

TABLE

PARIS — IMPRIMERIE MOTTEROZ, 54 *bis*, RUE DU FOUR.

PORTRAITS ROMANTIQUES

Nous donnons ci-dessous la liste complète des portraits, faits à la pointe sèche, de nos principaux auteurs romantiques.

Le format que nous avons choisi permet d'insérer ces portraits dans les formats in-12 à l'in-4, indifféremment.

La plupart des portraits représentent les auteurs à l'âge de leurs plus grands succès.

1º	Émile Zola,	par Desboutins.	19º	Jules Sandeau;	—	Desboutins.
2º	A. Dumas fils,	— Desboutins.	20º	Octave Feuillet,	—	Desboutins.
3º	A. de Vigny,	— Lessore.	21º	J. Claretie,	—	Desboutins.
4º	H. Cohen,	— Desboutins.	22º	Mürger,	—	Lessore.
5º	A. Dumas père,	— Lessore.	23º	E. Feydeau,	—	Desboutins.
6º	A. Daudet,	— Desboutins.	24º	Monselet,	—	Desboutins.
7º	H. Monnier,	— Lessore.	25º	Aug. Barbier,	—	Desboutins.
8º	Pétrus Borel,	— Desboutins.	26º	A. de Musset,	—	Lessore.
9º	Th. Gautier,	— Lessore.	27º	Sainte-Beuve,	—	Lessore.
10º	Richepin,	— Desboutins.	28º	Lamartine,	—	Lessore.
11º	P. de Kock,	— Lessore.	29º	V. Hugo,	—	Lessore.
12º	A. Karr,	— Desboutins.	30º	E. Deschamps,	—	Lessore.
13º	G. Sand,	— Desboutins.	31º	Gérard de Nerval	—	Lessore.
14º	Baudelaire,	— Desboutins.	32º	J. Janin,	—	Lessore.
15º	Prosper Mérimée,	— Desboutins.	33º	G. Flaubert,	—	De Liphard.
16º	H. de Balzac,	— Lessore.	34º	Champfleury,	—	Lessore.
17º	Méry,	— Lessore.	35º	V. Sardou,	—	Guillaumot.
18º	E. Augier,	— Desboutins.				

Tirage en grand papier de Hollande, in-4, à 30 exemplaires avant l'aciérage et avant la lettre, à . . . . 6 fr. chacun.

Tirage en petit papier de Hollande, in-8, à 70 exemplaires, après l'aciérage et avec la lettre, à . . . . 3 fr. chacun.

Il ne nous reste qu'un très petit nombre de ces portraits, ne pouvant en tirer que cent exemplaires en tout.

BIBLIOGRAPHIE

DES CONTES RÉMOIS

Par le Docteur E. Bougard

Membre correspondant de l'Académie nationale de Reims

Un beau volume in-4, prix . . . . **5 francs**

Excellente biographie et iconologie, tirée à 100 exemplaires, sur beau papier vergé teinté et qui ne sera jamais réimprimé.

www.ingramcontent.com/pod-product-compliance
Lightning Source LLC
Chambersburg PA
CBHW070939280326
41934CB00009B/1946